Stb

THOMAS URLICH wurde 1962 in Frankfurt am Main geboren. Nach einer Ausbildung zum Bankkaufmann wurde der Grundstein für seine schriftstellerische Tätigkeit gelegt, als er Anfang der Neunzigerjahre im Rahmen seiner Studien herausfand, dass der Dualseelengendanke nicht nur in Plantons »Gastmahl« zu finden ist, sonder auch in der Bibel, im Sohar, im Koran, in den Upanishaden und in den verschiedenen Mythen der Urvölker.

Das Buch schenkt neue Einsichten in das große Geheimnis der ewigen Liebesverbindungen zweier füreinander bestimmter Geistseelen.
Der Leser erhält zahlreiche Beispiele aus Geschichte, Musik und Weltliteratur – denn die Trauer, seine Dualseele verloren zu haben, war Anlass für viele Meisterwerke der Weltliteratur, wie z. B. Dantes »Göttliche Kommödie«, Klopstocks »Oden«, Kleists »Käthchen von Heilbronn« oder Brontës »Sturmhöhe«.

Thomas Ulrich

Dualseelen und Seelenpartner

Stb

ISBN 978-3-89767-582-7

4. Auflage 2010

Umschlaggestaltung: Murat Karaçay
Redaktion und Satz: Heike Wietelmann
Printed by: Reyhani Druck & Verlag, Darmstadt, Germany

www.schirner.com

Inhalt

Danksagung 7
Einleitung 9

1. Mythologie 13

2. Einige Weisheiten über Dualseelen 19
Kundgebungen des Geistes Emanuel 19
Mitteilungen des Mystikers Jakob Lorber 23
Über die Kleider, die ein Wesen umhüllen 25

3. Dualseelen und andere Seelenverwandtschaften 31
Die drei Sorten von Seelenverwandten 32
Die sieben Ebenen der esoterischen Wissenschaft 39
Weshalb die Dualseele zum gegenwärtigen Zeitpunkt nicht unbedingt der geeignetste Seelenpartner sein muss 45
Die Seelenverwandten von Edgar Cayce 51

4. Seelenpaarein der Antike 53
Orpheus und Eurydike 53
Amor und Psyche 54

5. Dualseelen in derWeltliteratur 59
Klopstocks Oden 59
Novalis – Heinrich von Ofterdingen 61
Friedrich Hölderlin – Hyperion 65
Friedrich Schlegel – Lucinde 69
Heinrich von Kleist – Das Käthchen von Heilbronn 74
E.T.A. Hoffmann – Doge und Dogaresse 76
Christoph Martin Wieland – Geschichte des Agathon 80

Dante Alighieri – Die göttliche Komödie 84
Gérard de Nerval – Aurelia 92
Emily Brontë – Sturmhöhe 96
Weitere Dualseelenaspekte 103

6. Berühmte Seelenpaare 105
Elvis Presley und Priscilla Beaulieu 106
James Dean und Pier Angeli 108
Humphrey Bogart und Lauren Bacall 112
Friedrich Hölderlin und Susette Borkenstein 117
Novalis und Sophie von Kühn 125
Friedrich Gottlieb Klopstock und Meta Moller 132
Friedrich Schelling und Caroline Michaelis 137
Abaelard und Héloise 139
Michelangelo und Vittoria Colonna 143
Francesco Petrarca und Laura Noves 148
Die drei Arten der aufrichtigen Liebe 151
Ein hochentwickeltes Dualseelenpaar 154
Fazit 161

Dualseelenpaare im musikalischen Bereich 165
In Liedern 165
Liebeslieder, die charakteristisch für Dualseelen sind 168
In Opern 177
Aida 178
André Chénier 179
Lohengrin 181
Die Zauberflöte 183

Nachwort 189
Anmerkungen 195

Danksagung

Für die Mithilfe an der Entstehung dieses Buches bedanke ich mich ganz herzlich bei:

Margret Duisberg
Dr. Peter Michel
Fritz Taucher
Hildegard Wolpert

für die Übersendung von entsprechender Literatur und/ oder Literaturtipps.

Außerdem bedanke ich mich an dieser Stelle für die meinem ersten Buch gewidmete Aufmerksamkeit und die in diesem Zusammenhang veröffentlichten Rezensionen zu *Dualseelen* bei den Redaktionen der verschiedenen Magazine und Zeitschriften sowie beim *Informationsblatt über Theosophie* in Deutschland, das von der *Theosophischen Informationsstelle* in Frankfurt a. M. herausgegeben wird. Im Veranstaltungsraum der *Theosophischen Informationsstelle* in Frankfurt a. M. war es auch, wo ich am 01. April 1995 zum ersten Mal die Gelegenheit hatte, ein Referat über das Thema der Dualseelen zu halten.

Wir träumten voneinander
Und sind davon erwacht,
Wir leben, um uns zu lieben,
Und sinken zurück in die Nacht.
Du tratst aus meinem Traume,
Aus deinem trat ich hervor,
Wir sterben, wenn sich eines
Im andern ganz verlor.

Auf einer Lilie zittern
Zwei Tropfen, rein und rund,
Zerfließen in Eins und rollen
Hinab in des Kelches Grund.

Friedrich Hebbel

Einleitung

Nach Abschluss meines Buches *Dualseelen* hatte ich eigentlich angenommen, dass für mich dadurch die literarische Arbeit zu diesem Thema abgeschlossen sei. Schließlich hatte ich mich dieser Thematik eingehend über einen Zeitraum von nahezu drei Jahren gewidmet und dabei einen großen Teil entsprechender Literatur durchgearbeitet. Deshalb nahm ich an, in diesem Buch alle wesentlichen Punkte abgehandelt zu haben, wobei ich mir durchaus der Tatsache bewusst war, dass diese Thematik niemals auch nur annähernd erschöpfend zu Papier gebracht werden kann, wie ich im Schlusswort des Buches *Dualseelen* dargelegt habe.

Doch schon bald nach Abschluss dieses Buches, als ich mich eigentlich auch wieder einmal ausführlicher mit anderen spirituellen Themen befassen wollte, stieß ich – sozusagen *unbeabsichtigt* – erneut auf die Thematik der Dualseelen. Begegnet ist mir der Dualseelengedanke dabei zunächst in den Romanen *Sturmhöhe* von Emily Brontë und *Die Leiden des jungen Werther* von Johann Wolfgang von Goethe. Im Anhang zur dtv-Ausgabe des *Werther* (München, 1995) fand ich zu einer diesbezüglichen Passage von Goethes Briefroman (die den Wunsch nach Verschmelzung mit der Geliebten vor dem Angesicht Gottes ausdrückt) zwei interessante Querverweise auf Werke des deutschen Dichters Klopstock und des französischen Philosophen Rousseau, denen ich nachging. Bei diesen Recherchen wurde ich ebenfalls fündig, und schon war ich praktisch wieder mitten in der Arbeit zu einem weiteren Buch über Dualseelen.

Zunächst beabsichtigte ich, diese neuen Materialien bei einer späteren Zweitauflage des Buches *Dualseelen* in dasselbe einzuarbeiten. Bei diesem Vorhaben kamen mir jedoch dahingehend Bedenken, dass ich mit diesen neu gewonnenen Informationen jene interessierten Menschen nicht erreichen würde, die dieses Buch bereits kannten, weil nur die wenigsten Leser noch einmal eine überarbeitete und zudem nur relativ geringfügig erweiterte Neuauflage lesen, wenn sie die Erstauflage bereits besitzen.

Da ich im Laufe der Zeit schließlich durch nochmaliges konsequentes Suchen – diesmal aber überwiegend in einer anderen literarischen Richtung, – auf so viele neue Materialien zum Thema stieß, darüber hinaus meinem Buch *Dualseelen* ein großes Interesse entgegengebracht wurde und ich auch noch von verschiedenen Lesern meines ersten Buches darum gebeten wurde, doch einen zweiten Band über Dualseelen zu schreiben, fühlte ich mich letztendlich ermutigt, das vorliegende Buch in Angriff zu nehmen.

Nachdem ich in meinem ersten Buch neben dem Werdegang der Dualseelen ausführlich auch die *Schöpfung* des geistigen und materiellen Kosmos, den *Geiterfall* und das *Nirvana* dargestellt habe, um einen Überblick über den sogenannten *kosmischen Kreislauf* zu geben – der ja untrennbar vom Thema der Dualseelen ist

– können wir unser Augenmerk in diesem Buch noch viel intensiver direkt auf die Dualseelen sowie auf andere Seelenpartnerschaften richten. Dabei versteht sich dieses Buch sowohl als Ergänzung als auch als Erweiterung meines ersten Buches.

In wenigen Worten möchte ich darlegen, inwiefern sich dieses Buch schwerpunktmäßig von meinem ersten Buch unterscheidet. In Band 1 liegt der Schwerpunkt im religiösen, mythologischen und philosophischen Bereich, weil ich möglichst viele Beweise für einen seriösen Umgang mit dem Thema Dualseelen vorlegen wollte. In Band 2 liegt der Schwerpunkt mehr im Bereich der Moderne. Zu einem großen Teil werden hier Dualseelenaspekte aus bedeutenden literarischen Werken vorgestellt und ebenso berühmte Seelenpaare, die zwar nicht notwendigerweise Dualseelen gewesen sein müssen, deren Liebe aber auf jeden Fall charakteristisch für eine Dualseelenbeziehung war. Bei der Betrachtung dieser beiden Kapitel werden wir dann auch feststellen, in welchem Maße insbesondere die Epoche der deutschen Romantik mit dem Thema der Dualseelen konfrontiert war; und das nicht nur in den Werken der großen Autoren dieser Zeit, sondern oft auch in deren wirklichen Leben. Zudem haben einige Autoren sogar ihre Seelenverwandten und sich selbst – verschlüsselt (wie z. B. Friedrich Schlegel in der *Lucinde*) oder unverschlüsselt (wie z. B. Dante in der *Göttlichen Komödie*) – in ihren bedeutenden Werken dargestellt, wie später noch festzustellen sein wird.

1. Mythologie

Zum zweiten Kapitel meines ersten Buches möchte ich lediglich dahingehend einige Ergänzungen vornehmen, dass ich Überlieferungen hinsichtlich der ursprünglichen Androgynität des Menschen sowie der Teilung der Geschlechter behandele, die entweder etwas bereits Dargelegtes ausführlicher beschreiben als bisher geschildert (dies betrifft die in *Dualseelen* auf den Seiten 48 bzw. 55 erwähnten Mythen über Izanami und Izanagi sowie Meschia und Meschiane) oder die aus einem Kulturbereich kommen, dem in der Erstauflage nur wenig Aufmerksamkeit geschenkt wurde (Mythen der nordamerikanischen Indianer) oder der ganz unberücksichtigt blieb (Mythen aus Südamerika und Schwarzafrika sowie der Kelten und Germanen).

Ein Schöpfungsmythos der Jicarilla-Apachen weist auffallend viele Parallelen zum biblischen Schöpfungsbericht auf und ist möglicherweise von diesem beeinflusst. In diesem Mythos wird geschildert, dass Schwarzer Hakzin, der Schöpfergott, den ersten Menschen zu seinem Bilde schuf (vgl. Gen 1,27). Dieser erstgeschaffene Mensch war ein Mann. Doch er war ganz allein. Die (bereits auf der Erde lebenden) Tiere dachten, dass es nicht gut sei, dass er so allein wäre (vgl. Gen 2,18) und sagten das dem Schwarzen Hakzin, der daraufhin dem Mann einige Läuse auf den Kopf setzte, sodass ihm die

Lider schwer wurden und er einschlief (vgl. Gen 2,21). Er träumte, dass ein Mädchen neben ihm saß. Als er aufwachte, war der Traum Wirklichkeit geworden. Da redete er zu seiner Frau und sie antwortete ihm. (1)

In Ergänzung zu den in *Dualseelen* auf den Seiten 29 ff. beschriebenen Mythen über die Doppelgestalt des früheren Menschen finden wir einen weiteren diesbezüglichen Hinweis im Bundedesh, dem parsischen Schöpfungsmythos. Hier sind die ersten Menschen (Meschia und Meschiane) aus der Erde gewachsen, in der Weise, dass ihre Hände an den Ohren zurücklagen, und eines mit dem anderen verbunden, mit einer Gestalt, einem Gesicht waren sie (beide) geschaffen, und die Mitte des Leibes von beiden war verbunden; so waren sie in einer Gestalt, dass nicht sichtbar war, welches der Mann und welches das Weib war. (2)

In Übereinstimmung hierzu schildert auch ein Schöpfungsmythos des Blood-Stammes aus der Konföderation der Blackfoot-Indianer, dass Napioa, der doppelgestaltige Schöpfer, zu einer Zeit auf der Welt lebte, als die Menschen, die mit ihm wohnten, zwei Köpfe hatten. (3)

In der keltischen Mythologie schließlich bildet der gallische Gott Ucuetis mit der Göttin Bergusia ebenso ein Götterpaar wie Nuo und Nuo Nam in der sibirischen Mythologie. Nach einem Mythos der sibirischen Nganasanen schuf der Himmelsgott Nuo die Welt, jedoch keine Menschen, deren Erschaffung er dem Sonnengott Kou übertragen hatte, und zog sich nach der vollbrachten Weltschöpfung – deren Ordnung er anschließend ebenfalls Kou übertragen hatte – mit seiner Frau Nuo

Nam in den siebenten Himmel (wie in vielen anderen Mythen bedeutet der siebente Himmel auch hier die höchste Ebene, das Paradies, das nicht in die Welt der Materie und Vergänglichkeit eingebunden ist) zurück, wo er seither (vermutlich wieder) mit ihr wohnt.

In der germanischen Mythologie gibt es gleich mehrere Hinweise auf die ursprüngliche Androgynität. Der germanische Ur-Riese Ymir, dessen Name als Zwitter gedeutet wird, gilt hier als das erste Lebewesen, das sich ungeschlechtlich fortpflanzte. Aus dem Schweiß seiner Achselhöhlen gingen ein weibliches und ein männliches Wesen hervor. Auch Tuisto, der bei den Westgermanen als der erste Mensch gilt, ist ein (aus der Erde geborener) Zwitter. Nicht zuletzt sind der nordische Gott der Fruchtbarkeit, Njörd, der aus dem Geschlecht der Vanen stammt, und die Fruchtbarkeitsgöttin Nerthus, die von nordgermanischen Stämmen einst kultisch verehrt wurde, vermutlich aus einer einzigen androgynen Fruchtbarkeitsgottheit hervorgegangen.

In Ergänzung zum Zitat Nr. 18 (*Dualseelen*, S. 43) sei darauf hingewiesen, dass – entgegen den in der Kommentierung zu Gen 2,18 aufgeführten Ansichten, wonach die Teilung des ganzheitlichen Menschen die Folge entweder einer Bestrafung oder der Einsamkeit des Androgyn war, wir in diesem hebräischen Mythos eine dritte Variante finden – die Teilung in zwei Wesen erfolgte, um den Menschen einen Dienst in der Form zu erweisen, dass sie sich besser fortbewegen und miteinander kommunizieren konnten.

Über einen ähnlichen Beweggrund hinsichtlich der Teilung des Androgyn – der zum Inhalt hat, dass Mann und Frau ihren Feinden widerstehen können – werden wir in einem Mythos der Lengua (Gran Chaco, zentrales Südamerika) informiert, demzufolge der Schöpfer aller Dinge einen Mann und eine Frau aus Ton formte und sie aus seinem Erdloch hinauf auf die Erde warf: Sie wurden auf die Erde geschickt, waren aber wie siamesische Zwillinge zusammengewachsen. Sie wurden von ihren mächtigen Vorgängern drangsaliert und wandten sich deshalb an den Schöpfer, sie aus ihrer unvorteilhaften Lage zu befreien. Daraufhin trennte er sie und gab ihnen die Fähigkeit, ihre Art zu vermehren, sodass sie zahlreich genug wurden, ihren Feinden zu widerstehen. (4)

Gemäß der Überlieferung der Dogon (Mali und Obervolta) dagegen war die Teilung des Ur-Androgyn nicht erforderlich, um Nachkommen zu erzeugen. Nach ihrem Schöpfungsmythos waren dem von Gott gekneteten Paar acht Urahnen entsprossen. Die vier ältesten waren männlich, die anderen weiblich (vgl. den in *Dualseelen* auf Seite 39 in Zitat Nr. 14 geschilderten Schöpfungsmythos der Quiche gemäß Popol Vuh, nach dem die ersten Menschen vier Männer waren und während eines Schlafes mit Gattinnen gesegnet wurden. In diesem Zusammenhang sehe ich mich dazu veranlasst, im übernächsten Abschnitt eine kurze Erläuterung über die Symbolik der Zahl 4 einzuschieben). Aber durch eine besondere Gnade, die nur ihnen zuteil wurde, konnten sie sich durch sich selbst befruchten, da sie doppelt und zweigeschlechtig waren. (5)

In demselben Mythos finden wir eine weitere Beschreibung über die ursprünglich androgyne Lebensform und die »Fortpflanzung aus sich selbst«: In jenen nebulösen Zeiten der Entwicklung der Welt kannten die Menschen den Tod nicht. Die acht Ahnen, die aus dem ersten menschlichen Paar hervorgegangen waren, lebten also unendlich. Sie zeugten acht verschiedene Nachkommenschaften, wobei jeder Ahn sich durch sich selbst vermehrte, denn jeder war zugleich männlich und weiblich. ... Die vier männlichen und die vier weiblichen waren ihrem Geschlecht nach acht Zwitter. Die vier Männer waren Mann und Frau, die vier Frauen waren Frau und Mann. ... Sie haben sich selbst befruchtet und sind schwanger geworden, jeder für sich, und haben fortgezeugt. (6)

Wie bereits angedeutet, wollen wir hier kurz untersuchen, warum es in manchen Mythen nicht ein erstes Menschenpaar gab, sondern deren vier. Die Zahl 4 will uns in diesem Zusammenhang vermutlich vermitteln, dass der Mensch bereits zu diesem Zeitpunkt in die Materie geraten war; denn die 4 ist die Zahl der Materie, ihre Symbole (sind) das Quadrat oder der Würfel. Klappt man den Mantel eines Würfels auseinander, so erhalten wir ein Kreuz. So ist der Mensch an das Kreuz der Materie geschlagen, gekreuzigt von der Polarität der Zeit und des Raumes. (7)

Ganz in Übereinstimmung mit Zitat Nr. 21 (*Dualseelen*, S. 44) – und zu der dort auf Seite 51 behandelten Thematik, wonach Hochzeit und Geschlechtsverkehr in ihrer tiefen, eigentlichen Bedeutung für die zusammengehörenden Seelenpaare bestimmt waren sowie zu der auf den Seiten 139 ff. erörterten Hypothese, dass der Geschlechtsverkehr eine Art Schatten der Astralkörperverschmelzung ist – berichtet ein indischer Schöpfungsmythos, dass Purusha, der erste Mann, ganz allein war. Er fand keine Freude daran, so ganz allein zu sein. Da teilte er sich in eine männliche und eine weibliche Hälfte, und diese beiden Hälften paarten sich. (8)

Auch in dem japanischen Mythos von Izanami (die Frau, die einlädt) und Izanagi (der Mann, der einlädt) kommt der oben erwähnte, auf den Seiten 51 sowie 139ff. behandelte Sachverhalt zum Ausdruck:

Seine Heiligkeit, der Mann, der einlädt, fragte Ihre Heiligkeit, die Frau, die einlädt: »In welcher Weise ist dein Körper beschaffen?« Sie erwiderte: »Mein Körper wächst, aber es gibt einen Teil, da wächst er nicht zusammen.« Und Seine Heiligkeit, das Einladende Männliche Wesen, sprach: »Mein Körper wächst auch, aber ein Teil wächst im Übermaß. Und deswegen scheint es mir angemessen, wenn ich jenen Teil meines Körpers in den Teil deines Körpers stecke, der nicht zusammenwachsen will.« Ihre Heiligkeit, die Frau, welche einlädt, antwortete: »Das wäre nicht übel.« (9)

2. Einige Weisheiten über Dualseelen

Kundgebungen des Geistes Emanuel

An dieser Stelle möchte ich die Frage aufgreifen, ob die Seele entweder transzendent zu allen weltlichen Erscheinungen ist – und somit auch weder männlich noch weiblich (wie die Veden es lehren; vgl. *Dualseelen*, S. 80) – oder aber ein feststehendes Geschlecht besitzt (wie Dethlefsen meint; vgl. ebd., S. 81, Zitat Nr. 7) und hierzu die Kundgebung des Geistes Emanuel betrachten, der sich in den Jahren 1923 und 1924 wie folgt über die Duale äußerte: *So werdet ihr wohl nun ungläubig den Kopf schütteln, wenn ich sage, dass das in der ganzen irdischen Natur und bei allen Lebewesen vorhandene Gesetz der Verbindung des Männlichen mit dem Weiblichen auch in der geistigen Schöpfung in demselben Umfang gilt und gelten muss.* (Diese Auffassung wird auch von Jakob Lorber vertreten: »Ihr fraget zwar, ob bei den Geistern hier nicht ein geschlechtlicher Unterschied obwalte? Ich sage euch: Solches ist hier ebenso gut der Fall wie auf den Erdenkörpern«.) *Denn die Materie ist ja bloß eine Verkörperung des Geistigen, also bloß ein anderer Zustand des Geistes, der die geistigen Gesetze nicht aufhebt, sondern sie bloß in einer der Materie angepassten*

Weise wirksam werden lässt. Wie es daher in der irdischen Schöpfung männliche und weibliche Wesen aller Gattungen gibt, so gibt es auch männliche und weibliche Geister in der geistigen Schöpfung. Die Zahl der männlichen Geister ist dieselbe wie die der weiblichen. Jedem männlichen Geist ist ein weiblicher Geist nach Gottes Gesetz zugeteilt. Beide passen vollkommen zueinander und finden in der gegenseitigen Ergänzung und in ihrem treuen Zusammenarbeiten an der ihnen von Gott gegebenen Aufgabe ihr höchstes persönliches Glück. Solche für einander geschaffene Geisterpaare nennt man «Duale«. Das bedeutet soviel wie: »Zwei, die zusammengehören«. »Blicke auf alle Werke des Höchsten: Immer sind es zwei und zwei (=Paare), eins zum andern gehörend.« (Sirach 33.16). – Das sind die »Ehen, die im Himmel geschlossen wurden«. – Von diesem Gesetz der paarweisen Verbindung des Männlichen mit dem Weiblichen ist bloß Gott ausgenommen. Dieses Gesetz gilt also auch von dem als erstes Geschöpf Gottes ins Dasein getretenen »Sohn Gottes«, den ihr »Christus« nennt. Von allen geschaffenen Geistern gilt das Wort der Bibel: »Mann und Weib erschuf er sie« ... (1)

Weiter vermittelte Emanuel einen Sachverhalt, der in dem Buch *Dualseelen* auch mehrfach zum Ausdruck kommt (vgl. Seiten 13 f., 18 f., 26 f., 34, 38, 53, 67 ff. und 84); dass nämlich *durch nicht mehr einheitliches Streben eine elementare Veränderung in der Wesenheit, in dem Stofflichen der Dualgeister, entstand, was deren Trennung zur Folge haben musste, und dies musste nun ungesetzliche Schaffungen oder – besser gesagt – Verbindungen und Vermischungen der Urstoffe zu Neubildungen, die nicht mehr gesetzlich waren, zur Folge haben.* (2)

Über die geistig entwicklungsbedingte Wiedervereinigung der Duale vermittelt uns Emanuel: *Wenn die Entwicklung des Geistes sehr einseitig ist, so fehlt ihm jene Kraft und Macht, die in einem relativen Ausgleich seiner Kräfte und Eigenschaften liegt. Es ist dies eine Wirkung des Gesetzes, dass der absolute Ausgleich aller geistigen Kräfte die Harmonie und Vollendung der Geistfreiheit sowie damit die Vereinigung der getrennten Duale und die Wesenheitsvollendung ergeben.* (3)

Über die Schöpfung des Menschen als *Ebenbild Gottes* – eine Formulierung, die noch heutzutage viele Gläubige verwirrt, weil einige von ihnen annehmen, Gott müsse dieser Formulierung zufolge eine Gestalt in der Beschaffenheit unseres irdischen menschlichen Körpers haben – wurde der Pfarrer Johannes Greber wie folgt unterrichtet: *Richtig ist, dass Gott die beiden Geister, die als erste zu Menschen verkörpert wurden und den Namen »Adam« und »Eva« führten, einst vor ihrem Abfalle nach seinem Bild geschaffen hatte. Richtig ist, dass er sie als männlichen und weiblichen Geist ins Dasein gerufen ... hatte. Aber das ... bezieht sich auf ihre Schöpfung als Geister. Wenn Gott etwas nach seinem Bilde schafft, dann kann es nur Geist sein. Denn Gott ist Geist und nur Geist, also nicht Materie. Und was er nach seinem Bilde schafft, ist ebenfalls nur Geist und nicht teils Geist und teils Materie, wie die irdischen Menschen.* (4)

Greber wurde weiter über die grobstoffliche Schöpfung des ersten Menschenpaares hier auf Erden informiert. Wir wollen uns im nachfolgenden Text ansehen, was ihm hier mitgeteilt wurde. Vorab muss ich allerdings mitteilen, dass eine ausführlichere Behandlung zu der hier mehrfach auftauchenden Bezeichnung *Od* aus Platzgründen unterbleiben muss, doch hoffe ich, dass die Bedeutung des Wortes sich sinngemäß aus dem Zusammenhang ergibt. Der interessierte Leser sei auf die ausführlichen Erörterungen hierzu im Greber-Buch hingewiesen: *Welches ist nun der wahrheitsgetreue Hergang bei der Erschaffung des ersten irdischen Menschenpaares? Adam war der erste Geist, der reif wurde, aus der höheren Tierwelt in eine menschliche Verkörperung einzutreten. ... Gott ... nahm ... das Od der Erde und zwar eine solche Odmischung, wie sie dem Aufbau des menschlichen Körpers entsprach. Es war dieselbe Odmischung, aus der sich auch heute die Körper der Menschen auf dem Wege des Wachstums bilden. ... Der Leib des ersten Menschen, den ihr »Adam« nennt, ist also tatsächlich »von der Erde« genommen, wenn auch in anderer Form, als ihr bisher annahmt. Es wurde nicht ein Mann aus Lehm gebildet, sondern die geistigen Glieder jenes Geistwesens wurden mit Hilfe des verdichteten Od der Erde mit einer materiellen Hülle umgeben. Und jener so gebildete Leib Adams löste sich später bei seinem Tode auch wieder in das Od der Erde auf. In der Form des Od kehrte er auch wieder zur Erde zurück. ... Das ist das Gesetz für alle materiellen Wesen. ... Da endlich kam der Tag, wo wieder ein Geist die Stufe des Menschen erreicht hatte. Diesmal war es ein weiblicher Geist. ... Die Verkörperung der »Eva« ... nahm den Verlauf, den alle Materialisationen der Geister haben. Bei Eva brauchte Gott nicht mehr das Od der Erde zu nehmen, sondern er hatte ein »Materialisationsmedium« zur Verfügung. Es war Adam.* In derselben Erläuterung heißt es weiter, dass eine Geistesverkörperung nur möglich ist, wenn das Materialisationsmedium sich in Tieftrance befindet, was in der Bibel mit Adams *tiefem Schlaf*, den Gott auf ihn fallen ließ, ausgedrückt wird (Gn 2,21): *Es war der »mediale Schlaf«, bei dem der Geist des Adam aus dem Körper austrat. Und wie auch heute bei einer vollständigen Materialisation eines Geistes das Od des Materialisationsmediums nicht ausreicht, sondern auch noch Materie des Mediums aufgelöst werden muss, so löste die Geisterwelt bei der Materialisation der Eva auch noch körperliche Materie des Adam in Od auf und verwandte sie zur Bildung des Leibes der Eva.* (5)

Mitteilungen des Mystikers Jakob Lorber

Jakob Lorber (22.07.1800–24.08.1864) gilt als der bedeutendste österreichische Mystiker. Am frühen Morgen des 15.03.1840 vernahm er eine innere Stimme, die ihn aufforderte: »Steh' auf, nimm deinen Griffel und schreibe!« Von diesem Tag an empfing Lorber von dieser inneren Stimme spirituelle Offenbarungen, die er Wort für Wort niederschrieb.

Über den ursprünglich androgynen Menschen und seine Entzweiung schreibt Lorber in *Die Haushaltung Gottes*: *Dieser Adam war an der Stelle des ersten der gefallenen Geister; es ward ihm nicht zu erkennen gegeben, wer er war, und siehe, da langweilte es ihn, da er sich nicht erkannte und auch nichts finden konnte, was ihm ähnlich wäre. Und siehe, da wehte ihn, unsichtbar seinen noch blinden Augen der Seele, die ewige Liebe an, und er schlief zum ersten Male in der Anmut der erbarmenden Liebe ein. Und die Anmut der erbarmenden Liebe formte im Herzen des Adam, gleichsam wie in einem süßen Traume, eine ihm ähnliche Gestalt von großer Anmut und ebenso großer Schönheit.*

Im darauffolgenden Text liefert Lorber *mit der erforderlichen Überwindung der Eigenliebe* einen weiteren Aspekt bezüglich der möglichen Gründe für die Teilung der Geschlechter. War das Androgyn bis zu seiner Teilung durch Betrachtung seines zweiten Ichs im Innern sozusagen in sich selbst verliebt, so wurde diese Liebe durch die Entzweiung des Androgyn auf seine nunmehr getrennt verkörperte andere Hälfte nach außen projiziert – und ihm somit die Eigenliebe genommen. Lorber schildert diesen Sachverhalt im Anschluss an die zuvor zitierte Beschreibung wie folgt: *Und die ewige Liebe sah, dass der Adam große Freude fand in sich durch die innere Anschauung seines zweiten Ichs. Da rührte ihn die erbarmende Liebe an der Seite, da ihm gegeben ward ein Herz gleich dem Herzen der Gottheit zur Aufnahme der Liebe und des Lebens aus der Liebe in Gott, und nahm ihm dadurch die Eigenliebe, ... und stellte die Eigenliebe, an der er großes Wohlgefallen fand in sich, außer seinem Leibe körperlich und hieß sie Caiva oder, wie ihr schon gewohnt seid zu sagen, Eva, das ist soviel als die vorbildende Erlösung von der Selbstsucht und die daraus hervorgehende Wiedergeburt. Und siehe, da rührte ihn die erbarmende Liebe an und weckte ihn zur Anschauung seiner Eigenliebe außer ihm und sah, dass er ein großes Wohlgefallen an der Anschauung seiner Liebe außer ihm hatte und fröhlich war über die Maßen; und die Liebe außer ihm, die nun Eva hieß, ergötzte sich an dem Menschen Adam und neigte sich zu ihm und folgte jeder seiner Bewegungen.*

Über die entwicklungsbedingte Wiedervereinigung der voneinander getrennten Duale zu einem Geistwesen schreibt Lorber, *dass aus dem getrennten Adam erst im Himmel wieder ein vollkommener Mensch wird, aber in gesonderter, persönlich seligster Wesenheit; denn das Leben will nicht und kann nicht als ein isoliertes für sich allein dastehen, sondern es ergreift das ihm zusagende und entsprechende Objekt und teilt sich demselben also mit, dass dadurch aus gewisser Art zwei Leben vollkommen eines wird, denn ein vereintes Leben ist ein in allem mächtiger wirkendes als ein für sich allein geeinzeltes, welches nicht als ein vollkommenes Leben betrachtet werden kann.* (vgl. hierzu Dualseelen, S. 92, Zitat Nr. 3)

Über die Kleider, die ein Wesen umhüllen

Die theosophische Autorin Mabel Collins beschreibt in *Die Krone des Lebens* die drei Kleider, die das göttliche Einzelwesen umhüllen. Das erste Kleid ist der physische Körper, der mit dem irdischen Sterbevorgang abgelegt wird und mit dem man sich bei der Wiederverkörperung erneut umkleidet. Das zweite Kleid ist der Astralkörper, mit dem die Seele zwischen den Inkarnationen umkleidet bleibt und mit dem sie in der Astralwelt lebt. Wenn ein sehr hoch entwickeltes Wesen den Astralkörper ablegt, bleibt es aber noch mit dem dritten Kleid umhüllt. Dieses Kleid, das zwar keinerlei irdische Natur mehr aufweist, sondern seiner Erscheinung gemäß *Licht* ist und von den Menschen auch *reiner Geist* genannt wird, *ist immer noch Kleid, ... und hat noch eine zwiespältige Beschaffenheit wie das erste und das zweite Kleid, ein Außen und ein Innen. So lange als das unsterbliche Geschöpf darin, der Lebensodem, noch umhüllt ist von diesem lichtstrahlenden, fast unsichtbaren Stofflichen, ist es noch ein Teil der Menschheit und noch ungekrönt.* Obwohl einem solchen Geist der Bund der Liebe Wirklichkeit geworden ist, ist er in diesem Zustand noch *nicht in jene absolute Reinheit und Todlosigkeit hineingeboren, die die Berechtigung verleiht, für immer in der Liebe zu bleiben. Ein Kleid, ob auch nur Licht und Flamme, eine Scheide, ob auch die letzte, umfängt es noch und gibt den Schmetterling, den Gott, nicht frei. Die Bindung an die Erde ist noch da, und sie zieht den Geist von neuem in den Kreislauf des Schmerzes, zur Verkörperung hinab.* Das bedeutet jedoch nicht, dass Wesen mit einem derartigen Entwicklungsstand in der Regel noch einmal das erste Kleid anlegen und somit die irdische Verkörperung wählen, sondern *sie bedienen sich häufig des zweiten Kleides und handeln in der Ätherwelt.*

Die Krone der Liebe wird das Diadem des unsterblichen Geistes, nachdem er, völlig geläutert, den Tod überwunden und Beiwerk und Umkleidungen abgestreift hat. Erst wenn der Geist unsterblich geworden ist und sämtliche Umhüllungen abgelegt hat, erreicht die Liebe ihre Vollendung. *Das ist das Hochzeitsgewand, die zwei sind eins geworden. Sie werden eines, wenn alles getan und alles erfüllt ist, was die Not der Wallfahrt auf den armseligen und doch so verhängnisvollen Erdenpfaden verschuldet hat.*

Mabel Collins erklärt ferner, weshalb es den Erdenmenschen nur in seltenen Fällen – und dann auch oft nur für einen relativ kurzen Zeitraum oder unter ande-

ren widrigen Umständen, wie wir in einigen Fällen berühmter Seelenpaare im sechsten Kapitel noch sehen werden – vergönnt ist, für den größten Teil ihres Lebens glücklich mit ihrer Dualseele zusammen zu sein: *Die Seele sucht sich, sie sucht die unwandelbare Verbindung, die zum wirklichen Leben erhebt; und gäbe es diese unvergängliche Berührung während der Einverleibungen, so wäre die Flucht der Rasse aus dem dunklen Ungrunde, in dem sie geboren worden ist, zum Tageslichte unbegrenzten Bewusstseins vereitelt. Das ist die Ursache, warum selbst die vorgeschrittensten Seelen jenen anderen, ihren Schwesterseelen, in einem irdischen Leben nur für eine kurze Spanne Zeit nahe kommen dürfen, nur so lange, um sie wachzurufen und sie fühlen zu lassen, dass die große Zukunft unablässiges Streben und rastloses Steigen braucht.*
Aus dieser Erläuterung wird verständlich, warum sich Dualseelen nur selten begegnen und – falls dies doch der Fall ist – oft schon frühzeitig wieder voneinander getrennt werden. Beispiele für eine solche frühzeitige Trennung, die nicht unbedingt durch den Tod herbeigeführt werden muss, finden wir zur Genüge im jeweils sechsten Kapitel von *Dualseelen* und in diesem Buch (und hier ebenfalls im fünften Kapitel).

Jeder Mensch, der einmal eine große Liebe verloren hat und diesen Schmerz lange Zeit nicht überwinden konnte oder sich noch immer in diesem verzehrt, wird aus eigener Erfahrung wissen, was ein Dante oder Novalis für ein Leid empfunden haben, das beide dazu veranlasste, diese Beziehung zur geliebten Person zum Ausgangspunkt ihrer Erzählungen zu machen, mit denen sie freilich auch ihren Kummer verarbeiteten und zugleich diese Verbindung in ein religiöses Licht rückten. Für all jene Trauernden hält Mabel Collins einen großen Trost bereit, der sich mit meiner Darlegung der biblischen Geschichte von *dem reichen Mann und dem armen Lazarus* deckt (vgl. *Dualseelen*, S. 113): *Waren Liebende hier unten getrennt, sind ihre Lebensfristen verstümmelt worden, ist ihre Liebe unerfüllt geblieben – fürwahr, sie sollten sich nicht härmen, denn ergiebig kann die Liebe auf dem Erdenlande nicht werden.* Vielmehr betrachtet Collins *die Vergeistigung einer irdischen Liebe durch Leid und Trennung* als *ein großes Resultat.* Nach dem eigenen Tode, wenn man also schließlich der geliebten Person nachstirbt (was nach Sophies Tode die große Sehnsucht des Novalis war; siehe Kapitel 6), wird man sie – so die beiderseitige Liebe noch unverändert fortbesteht – wiederfinden, wie Mabel Collins uns wissen lässt: *Der Liebende steigt in der Ätherwelt empor und sucht den Freund und ist durch seine neuen Kräfte alsbald bei ihm, wo immer der Gesuchte weilen mag.*

Sinn und Zweck einer frühzeitigen Trennung eines Dualseelenpaares infolge eines unerwartet frühen Todes ist die Förderung der geistigen Verbundenheit der beiden Liebenden auf geistiger bzw. astraler Ebene. Diesen Sachverhalt legt Collins wie folgt dar: *Rafft der Tod den einen hinweg, so soll der eingesenkte Same im Herzen des Verwaisten vergeistigt und im höheren Leben der Ätherwelt dereinst lebendig werden. Die abgeschiedene Seele hält fest am Freunde, der im Diesseits geblieben ist, und entfremdet ihn kraft ihres Liebesbundes dem Physischen. So werden Liebende und Freunde gleichstufig und auf die astrale Vereinigung und Arbeit vorbereitet. Das einsame Herz schmachtet und verzagt im Tagesleben, aber es ist der Schrein für einen köstlichen Schatz, und im Traumbewusstsein weiß die Seele gut, dass Trennung zweier geistig Liebender unmöglich ist.*

3. Dualseelen und andere Seelenverwandtschaften

In diesem Kapitel wollen wir uns damit beschäftigen, dass es neben der *einen* Dualseele, die zu jeder Seele existiert, weitere Seelenpartnerschaften geben kann – und in der Regel gibt – die entweder karmischer Natur sind oder die uns auf unserem Lebensweg entscheidende Impulse geben; d. h. durch die wir – gleich ob sich diese Personen darüber bewusst sind oder nicht, ob dies von ihnen beabsichtigt war oder nicht – entweder auf irgendeine Weise dazu gebracht werden, eine neue Richtung einzuschlagen oder mit denen wir an einem bestimmten Projekt arbeiten. In diesem Zusammenhang werden wir ferner untersuchen, warum eine gegenwärtige Partnerschaft mit der Dualseele nicht immer vorteilhaft sein muss und auch nicht immer gelingt, und dass manchmal eine andere Seelenpartnerschaft uns (zum gegenwärtigen Zeitpunkt!) mehr Erfüllung schenken kann.

Die drei Sorten von Seelenverwandten

Manche Seelenpartner-Spezialisten, wie zum Beispiel Elizabeth Clare Prophet, gehen davon aus, dass es nicht nur eine, sondern drei Sorten von Seelenpartnern gibt:

1) den Zwilling oder die Ergänzung (also die Dualseele, die Schwerpunktthema dieses Buch ist);
2) den Seelenpartner, der eher ein projekt-orientierter (Liebes-)Partner ist; und
3) den karmischen Seelengefährten, zu dem wir uns oft unwillig hingezogen fühlen, um ein paar harte Lektionen aus der Vergangenheit zu lernen.

Während es also nur eine Dualseele (die ursprünglich andere Hälfte) gibt, kann es außerdem noch einen oder mehrere andere sogenannte Seelenpartner und Seelengefährten geben.

Um diesen Sachverhalt zu verdeutlichen, verwende ich ein neues Münzgleichnis (das andere ist veröffentlicht in *Dualseelen*, S. 131 ff.):

Zwei- oder dreimal wurde mir gegenüber in einem Gespräch zum Ausdruck gebracht, dass man an der Dualseelenlehre zweifele, da man sich sicher sei, dass es nicht *nur einen* passenden Partner geben könne, sondern bestimmt drei oder vier. Diese Personen liegen gar nicht so falsch, wenn man alle drei Arten der Seelenverwandtschaften berücksichtigt (ungeachtet der Tatsache, dass es natürlich nur *einen* Zwilling gibt – das *einzig wahre* Gegenstück).

In dem hier behandelten Münzgleichnis – das natürlich nur einen bestimmten Sachverhalt erklären will und das in meinem ersten Buch veröffentlichte Münzgleichnis keineswegs aufhebt – wollen wir annehmen, dass eine große Anzahl in- und ausländischer Münzen je *dreimal* geschaffen wurde, die jeweils ein androgynes Seelenpaar symbolisieren. Würden wir nun alle Münzen auf die Weise auseinander sägen, dass wir die Vorder- und Rückseiten voneinander trennen, so würden unter anderem jeweils drei Vorder- und Rückseiten eines Markstückes existieren, die jeweils drei männliche und drei weibliche Wesen symbolisieren. Jede dieser Vorderseiten kann mit einer der drei Rückseiten zu einem Ganzen zusammengefügt werden, aber diese Zusammenfügung muss nicht unbedingt zwischen zwei vorher verbundenen Hälften erfolgt sein.

Ohne Zweifel ist die zu Beginn abgetrennte Hälfte das *Dual* – die *wirkliche* andere Hälfte, das Gegenstück. Die zwei anderen Rückseiten symbolisieren in unserem Gleichnis für eine entsprechende Vorderseite jeweils einen gegengeschlechtlichen Seelenpartner und einen Seelengefährten. Sie treffen sich im Laufe der Inkarnationen immer wieder, weil sie sich entweder aufgrund ihrer Wesensähnlichkeit und eventuell gemeinsamer Liebesbeziehungen in vergangenen Inkarnationen (das betrifft den karmischen *Seelengefährten*) oder aufgrund gemeinsamer Interessen (das betrifft den projekt-orientierten *Seelenpartner*) zueinander hingezogen fühlen. Die beiden anderen Vorderseiten könnte man nun am geeignetsten als gleichgeschlechtliche Seelenpartner bezeichnen, mit denen uns eine enge Freundschaft aufgrund gemeinsamer Interessen verbindet. Zumindest in unserem Beispiel haben diese *wahren* Seelenpartner des gleichen Geschlechts sogar die gleichen Vorstellungen eines Wunsch- oder Traumpartners, zu dem sie sich beim anderen Geschlecht hingezogen fühlen, was nur allzu verständlich ist, wenn man bedenkt, dass auch diese beiden Vorderseiten die jeweils andere Hälfte einer gleichartigen Rückseite sind.

In der Regel hat man mehr gleichgeschlechtliche Seelenpartner als gegengeschlechtliche, von denen man oft sogar im Laufe seines Lebens – wenn überhaupt – nur einen einzigen kennen lernt. Dies mag verschiedene Ursachen haben. Ein Grund hierfür ist, dass es nicht wenige geschlechtsspezifische Interessen und Interessenverbände gibt und man daher auch eher die Gelegenheit hat, Kontakte zum eigenen Geschlecht zu knüpfen, woraus dann eine Seelenpartnerschaft entstehen – oder Wiederaufleben – kann. So wird man beispielsweise in einem Nähkreis kaum einen Mann antreffen, während Frauen seltener in einem Fußballfanclub zu finden sind.

Ein anderer Grund ist, dass eine gegengeschlechtliche Seelenpartnerschaft dann zu Komplikationen führen kann, wenn zumindest einer der beiden eine feste anderweitige Beziehung hat, weil dann nicht selten die Eifersucht des entsprechenden Lebenspartners hervorgerufen wird. Diese für alle Beteiligten unangenehme Situation veranlasst nicht selten einen der beiden Seelenpartner, diese Beziehung zu beenden, um wieder Ruhe in die Seelen einkehren zu lassen. Eine gegengeschlechtliche Seelenpartnerschaft wird im allgemeinen von der Gesellschaft noch immer allzu häufig als Liebesverhältnis fehlgedeutet und bei vielen Menschen besteht keinerlei Bedürfnis nach einer gegengeschlechtlichen Seelenpartnerschaft, wenn schon ein fester Lebenspartner vorhanden ist, der im Idealfall nicht nur Gatte oder Gattin ist, sondern ebenso Seelenpartner und Freund. Aus diesem Zusammenhang erklärt sich, dass eine projekt-orientierte Seelenpartnerschaft zwischen den Geschlechtern häufig nur dann entsteht, wenn die beiden Partner ansonsten ungebunden sind, also keine feste und erfüllende anderweitige Partnerschaft besteht.

Oft entsteht aus einer solchen Partnerschaft dann mit der Zeit ein Liebesverhältnis (es ist dies vor allem der Unterschied zwischen einer Beziehung von zwei gegengeschlechtlichen Seelenpartnern und der Beziehung von zwei Seelengefährten oder Dualseelen, dass diese erstgenannte Liebesbeziehung sich allmählich, durch den permanenten Kontakt miteinander und eine enge Freundschaft der beiden Seelen, entwickelt, während dagegen Liebesbeziehungen zwischen Dualseelen oder karmischen Seelengefährten einschlagen wie der Blitz: Diese Beziehungen entstehen in der Regel durch die sogenannte und immer wieder faszinierende *Liebe auf den ersten Blick*), weil man sich mit der Zeit *entdeckt* und immer mehr zueinander findet. Weil wir uns mit Seelenpartnern aufgrund gemeinsamer Interessen und einem gemeinsamen Dharma (Lebensaufgabe) oft so gut verstehen, könnte man solche mit der Zeit entstehenden Liebesverhältnisse in einem positiven Sinne als *Vernunftehen* bezeichnen (doch darf dieser Ausdruck nicht mit jenen negativen *Vernunftehen* verwechselt werden, in denen ganz andere Gesichtspunkte eine Rolle spielen, die mit Liebe nicht das Geringste zu tun haben. Dies sind beispielsweise Liebschaften oder Ehen, die aus rein finanziellen Gesichtspunkten oder anderen vorwiegend oder rein materiellen Gründen bzw. vor dem Hintergrund der Panik – wenn man also geneigt ist zu glauben, dass man den Rest seines Lebens allein verbringen müsse, wenn man an diesem Partner nicht festhält – eingegangen werden), denn hier ist es primär der *Verstand*, der uns zu einer solchen Beziehung treibt. Bei einem Liebesverhältnis mit der Dualseele oder einem Seelengefährten spielen dagegen das Herz und unsere innersten Gefühle die größere Rolle. Mit diesem Vergleich wollte ich lediglich andeuten, bei welcher Partnerschaft eher das Herz und bei welcher eher der Verstand die Hauptrolle spielt, doch ist ebenso gewiss, dass bei Entstehung (und späterem Fortbestand) einer gut funktionierenden Partnerschaft mit Sicherheit beide Aspekte relativ ausgewogen miteinander verwoben sind.

Über das Geheimnis der spirituellen Partnerwahl eines Lebensgefährten kann als Fazit festgehalten werden, dass die spirituell durchschnittlich entwickelte Seele sich in inniger Liebe (und mit dem *Herzenswunsch* nach Verschmelzung der Seelen) zu jenen Wesen hingezogen fühlt, die ihr Gegenstück sein könnten; in unserem Gleichnis jede andere Hälfte der gleichen Münzgattung. Hierzu möchte ich noch ergänzend anmerken, dass der häufigste Irrtum, der vermeintlichen Dualseele begegnet zu sein, durch die Begegnung mit einem karmischen Seelengefährten hervorgerufen wird, mit dem wir bereits seit vielen Inkarnationen verbunden sind.

Wie bereits angedeutet, spielen bei rein *platonischen* (meist gleichgeschlechtlichen) Seelenpartnern gemeinsame Interessen, durch die eine innige Freundschaft entstehen kann, die übergeordnete Rolle. So arbeiten beispielsweise zwei Hälften einer Mark- und einer Zweimarkmünze (in der Regel eher entweder zwei Vorder- oder Rückseiten, wie oben erklärt) für einen gewissen Zeitraum an demselben Projekt, weil sie ein gemeinsames Interesse haben – in einem höheren Sinne beispielsweise an der Stabilität ihres Wertes (Währungsstabilität), in einem niederen Sinne beispielsweise am schönen Glanz ihrer silbernen Farbe (äußere Schönheit).

Aus dem Beispiel einer solchen Zusammenarbeit der Hälfte einer Markmünze mit der Hälfte einer Zweimarkmünze geht hervor, warum wir viele Seelenpartner wieder aus den Augen verlieren, wenn das gemeinsame Projekt beendet ist und wir vermutlich auch während der Arbeit am gemeinsamen Projekt wenig darüber hinausgehenden Kontakt miteinander haben; wir sind nicht von *derselben* Natur und demzufolge meist ausschließlich durch dieses Projekt miteinander verbunden. Wenige Seelenpartner, mit denen wir an einem Projekt gearbeitet haben, wurden wirkliche Freunde von uns, mit denen wir noch heute in einem engen Kontakt stehen. Das trifft in der Regel dann zu, wenn zwei Vorder- oder Rückseiten derselben Münzgattung miteinander in Verbindung getreten sind, denn sie sind tiefer miteinander verwandt; oft aus einer Seelengruppe (die Bedeutung einer solchen wird später noch näher erläutert) stammend, bleiben sie in den häufigsten Fällen bis an ihr Lebensende miteinander verbunden und begegnen sich in zukünftigen Inkarnationen ebenso wieder wie sie sich bereits aus vergangenen Inkarnationen kennen.

Dieses Gleichnis verdeutlicht somit auch, warum fast jeder Mensch immer nur zwei oder drei wirkliche (in der Regel gleichgeschlechtliche) Freunde hat, wie wir immer wieder hören. Wie wir aber auch aus Erfahrung wissen, bestehen auch jene Freundschaften (die man einst irrtümlich für eine *wahre* Freundschaft gehalten hatte) oft nur für einen gewissen Zeitraum und sind nicht selten genauso vergänglich wie andere irdische Dinge auch. Aber jene Freundschaften, die – oft über Jahrzehnte hinweg – bis zum Lebensende bestehen, leben häufig in zukünftigen Inkarnationen wieder auf und haben ebenso oft bereits in vergangenen Inkarnationen bestanden. Derartige Freundschaften sind in vielen Fällen ein Hinweis darauf, dass diese Seelen derselben Seelengruppe angehören.

Für unser Beispiel wollen wir annehmen, dass die jeweils drei Vorder- und Rückseiten derselben Münzgattung eine Seelengruppe darstellen. Diese Hälften sind seit Anbeginn der Zeit miteinander verbunden und werden es auch bis zum Ende der Zeit bleiben. Sie begegnen sich immer wieder, jedoch keineswegs in jeder Inkarnation immer alle zusammen, wie wir ja auch unserer – notwendigerweise auch immer zu derselben Seelengruppe gehörenden – Dualseele nicht in jeder Verkörperung begegnen.

Elizabeth Clare Prophet erklärt den Unterschied

zwischen der Dual- oder Zwillingsseele und einem Seelenpartner wie folgt: »*Wenn Leute von Zwillingsseelen reden, verwenden sie oft den Ausdruck Seelenpartner. Ein Seelenpartner ist genau das, was das Wort sagt, ein Partner der Seele. Seelenpartner teilen eine komplementäre Aufgabe im Leben. Sie sind Partner, ähneln sich und passen zusammen, weil die Entwicklung ihrer Seelen auf dem gleichen Stand ist. Sie arbeiten gut zusammen, sind projektorientiert, harmonisch und haben sogar oft eine physische Ähnlichkeit. Zwillingsseelen (dagegen) sind eins im Geist und im spirituellen Ursprung. Geist, Herz und Bewusstsein von Zwillingsseelen fließen aus ein und derselben Quelle zusammen. Ihre Verbindung ist so tief wie das Meer.*« (1)
Jess Stearn führt ergänzend hierzu aus: *Die Zwillingsseele ist nicht nur ein Spiegel von Geist und Bewusstsein, sondern der Seele selbst, des geheimen Sehnens und Hoffens, der Verbindung nicht nur mit dem geliebten Partner, sondern mit dem Gottesbewusstsein, der universalen Intelligenz selbst.* (2)

Die sieben Ebenen der esoterischen Wissenschaft

Um zu einem tieferen Verständnis sowohl über den Aufbau des gesamten Kosmos als auch über die menschliche Natur im allgemeinen und die Partnerschaft im besonderen zu gelangen, ist es sicher hilfreich, sich zu vergegenwärtigen, dass in der esoterischen Wissenschaft sowohl der Kosmos als auch der Mensch aus sieben Ebenen bestehen, deren höchste der reine Geist und deren niedrigste die physische

Formgebung ist, wie wir sie in der materiellen Welt kennen.

Wie bereits in Band 1 auf Seite 21 – mit dem Querverweis auf die Darstellung im dritten Band der *Geheimlehre*, S. 304 – angedeutet, geht die höchste, die sogenannte Siebente Ebene, direkt aus dem großen Unmanifesten als der ersten Ursache hervor, aus der dann wiederum die Sechste Ebene entsteht. Aus dieser entwickelt sich dann die Fünfte, bis schließlich als Folge dieser Kausalverbindung als letzte Ebene die sogenannte Erste Ebene entsteht – die physische Welt der materiellen Form.

Im folgenden Text möchte ich kurz wiedergeben, was Dion Fortune in *Das karmische Band* über diese sieben Ebenen schreibt, wobei wörtlich übernommene Zitate in kursiv ausgewiesen sind:

Die Siebente Ebene ist die obere spirituelle Ebene. In dieser *Ebene des reinen Geistes*, die absolut formlos ist, *ist alles Eins und Eins ist Alles*. Sie ist ein Zustand vollendeter Liebe und Harmonie, in dem die einzelnen Wesen latent vorhanden und miteinander verbunden sind. *Das Verhältnis, das zwischen jeder Einheit und dem Rest der Ebene besteht, überschreitet an Nähe und Vollendung bei weitem das Höchste, was von irdischen Liebenden auch in den ekstatischsten Momenten ihres Einsseins je erreicht wird.*

Die Sechste Ebene ist die untere spirituelle *Ebene oder Ebene des konkreten Geistes*. Hier *kommt es zur ersten Differenzierung, oder zum Beginn des Getrenntseins*. Auf dieser Ebene wird das Grundmuster der Individualität festgelegt.

Die Fünfte Ebene, die obere mentale Ebene oder *Ebene des abstrakten Denkens, sorgt für die Entwicklung von Qualitäten ... und ihre Differenzierung in Typen; ... das Leben als Ganzes wird zu einzelnen Lebewesen. Hier entwickeln sich die wesentlichsten Züge der individualisierten Natur.*

Die Vierte Ebene, die untere mentale Ebene, ist die *Ebene des konkreten Gedankens, ihr Merkmal ist das Gedächtnis.*

Die Dritte Ebene, die obere Astralebene, *ist die Ebene der Gefühle und wird gekennzeichnet durch ... den Wunsch nach Vereinigung.* Die Zweite Ebene, die untere Astralebene oder psychische Ebene, *ist die Ebene der Instinkte und Leidenschaften.* Die Erste Ebene ist die materielle Welt.

Auch der Mensch wird *von der esoterischen Wissenschaft als siebenfältiges Geschöpf betrachtet.* Hier wird jeder seiner sieben Aspekte als ein Körper bezeichnet und *ohne die entsprechende Entwicklung eines jeden Aspekts seiner siebenfältigen Natur kann ein Mensch nicht zur Vollendung gelangen.* Je weiter ein Mensch spirituell entwickelt ist, desto mehr verwirklicht er seine höheren Körper und je mehr diese körperliche Entwicklung von zwei Partnern einhergeht, desto vollkommener wird die Partnerschaft. *Wenn es den Körpern des Paares jedoch nicht gelingt, sich gleichzeitig zu entwickeln, wird ein starkes Band auf den tieferen Ebenen bestehen, und das höhere Selbst des fortgeschritteneren Individuums bleibt partnerlos und unbefriedigt.*

Im folgenden Text wollen wir uns zunächst die Ebenen der Partnerschaft und die der sexuellen Energien betrachten, bevor wir uns ansehen werden, auf welche Weise Dion Fortune die vollendete Ehe und die damit einhergehende Verschmelzung zweier Individuen zu einem beschreibt – ein Thema, das bereits im siebenten Kapitel des ersten Bandes ausführlich behandelt wurde.

Die physischen Erscheinungen, die wir als Sexualität kennen, stellen nur einen Aspekt einer Kraft dar, die auf allen sieben Ebenen wirkt.

Die Gesetze der Partnerschaft, wie sie von der esoterischen Philosophie verstanden werden, umfassen wesentlich mehr als nur eine physische Vereinigung, indem sie die sieben Körper des Menschen und die Sexualität oder Polarität auf jeder der sieben Ebenen entsprechend ihrer jeweiligen Bedingungen erkennen. Die esoterische Philosophie lehrt daher, dass ein Mensch nur eine unvollständige Vereinigung schließt, wenn nicht jeder seiner Körper, der einen aktiven Zustand erreicht hat, seinen Partner findet, und dass er andernfalls seinen sexuellen Hunger behält und weiter nach einem Partner sucht. Da nicht alle Menschen gleich entwickelt sind (heutzutage sind beim Durchschnittsmenschen nur die ersten drei Körper fähig, einen Partner zu finden), ist die Beziehung nicht ideal, wenn beim einen Partner beispielsweise drei und beim anderen vier Körper entwickelt sind, denn der vierte Körper des entwickelten Partners wird in der Partnerschaft partnerlos sein und gewiss nach einem anderen Partner Ausschau halten, der fähig ist, auch auf der vierten Ebene zu wirken. Der höherentwickelte Partner *wird Bedürfnisse entwickeln, die der andere nicht verstehen oder befriedigen kann.*

Auf der Ersten Ebene ist die Vereinigung rein körperlich-sexueller Natur. Auf der Zweiten Ebene *spricht man von erfolgter Vereinigung*, wenn Mann und Frau Leidenschaft füreinander empfinden. *Auf der Dritten Ebene hängt die Vereinigung von emotionaler Sympathie ab, und auf der Vierten Ebene von einem gemeinsamen Verstehen von Bewusstsein und Interessen. Auf der Fünften Ebene bestimmt intellektuelle Sympathie die Vereinigung, und auf der Sechsten Ebene sind es gemeinsame spirituelle Ideale. Auf der Siebenten Ebene sind Alle Eins und Eins ist Alles; keine nähere Einheit ist möglich als jene, die vom Beginn der Manifestation an bestanden hat.*

Das bedeutet: *Die Partnerschaft dauert auf der physischen Ebene nur während der wenigen Augenblicke des Geschlechtsverkehrs an. Auf der Zweiten Ebene dauert die Partnerschaft so lange, wie die Leidenschaft anhält. Körper auf der Dritten Ebene sind für die Dauer ihrer Zuneigung vereinigt. Sollte der Körper der Vierten Ebene ... einen Partner finden, wird diese Partnerschaft während der ganzen Inkarnation andauern, und nur der Tod kann sie aufheben. Wenn sich jedoch die Partnerschaft auch auf die Fünfte Ebene ... ausdehnt, hat sie die Sphäre der Individualität erreicht, die eine Evolution lang andauert, und für die Dauer dieser Evolution wird der Bund bestehen bleiben, indem die Seelen in zahllosen Leben aufeinander warten, einander wiederfinden und jenes wunderbare Band knüpfen, das ... alle anderen Ketten durchbricht. Wenn die Einheit auch auf der spirituellen Ebene besteht, wird das Paar wirklich eines in jeder Beziehung und »betritt das Licht und kehrt nicht mehr zurück«. Hieraus kann man erkennen, dass die Vorstellung des Esoterikers von Partnerschaft sich von derjenigen der Allgemeinheit deutlich unterscheidet.*

In der vollendeten Ehe ... erlebt das Paar die Partnerfindung eines jeden höheren Körpers, sowie er in Aktion tritt, und erfährt jedes Mal neue Tiefen der Liebe. So führt Dion Fortune weiter aus, *dass spirituelle Ziele und Ideale der gleichen Größenordnung ihre Einheit vervollständigen; bis schließlich, wenn das Bewusstsein zur Höhe des reinen Geistes emporgestiegen ist, die so zwischen zwei Seelen entstandene reine Liebe alle Begrenzungen übersteigen und das ganze Universum in den Bund ihrer Einheit einbeziehen wird. ... Jene beiden, die so auf allen Ebenen verbunden sind, treten in das Licht ein und gehen nicht wieder als getrennte Wesen daraus hervor, sondern werden zu einem einzigen Individuum mit einer zweiseitigen Natur, in sich selbst vollendet und sich selbst erfüllend. Solche Wesen jedoch sind in eine höhere Ordnung des Lebens eingetreten, als es unser Leben ist, und sind durch unsere Sinne nicht erkennbar.*

Zum Abschluss dieses Kapitels wollen wir vergleichen, wie Dion Fortune zu zwei weiteren Themen argumentiert, die ich ebenfalls im siebenten Kapitel von Band 1 behandelt habe.

In Übereinstimmung zu der von mir in Band 1 auf den Seiten 139 f. dargelegten These, wonach der Geschlechtsakt nur der Schatten der Verschmelzung zweier Astralkörper miteinander ist, schreibt Dion Fortune:

Es wird viele verblüffen zu erfahren, dass der angenehme Effekt des Geschlechtsverkehrs nicht aus den dabei auftretenden physischen Reaktionen entsteht, sondern aus den Strömungen, die in den ätherischen Doppelgängern oder Gegenstücken aus feinstofflicher Materie fließen, auf die die dichten physischen Körper gebaut sind, was durch die

Verbindung der Auren miteinander bewirkt wird – ... bei einer solchen sympathetischen Erwiderung vermischen sich die beiden Auren miteinander, bis beide Körper von einer einzigen Aurahülle umgeben sind, und hierin liegt der Wert des Geschlechtsverkehrs – in der Nähe zueinander, nicht im Orgasmus.

Und in Übereinstimmung zu meiner Darlegung in Band 1 auf den Seiten 140 f., in der ich unter Bezugnahme auf 1. Kor 6,16 auf die Gefahr wahlloser Sexualpartnerschaften und sogenannter One-night-stands eingegangen bin, führt Dion Fortune aus:

Wechselnder Geschlechtsverkehr wird von Okkultisten nicht als problemlos betrachtet, da ihm die Folgen auf den höheren Ebenen und die in der unsichtbaren Welt in Gang gesetzten Dinge bekannt sind. Aus einer sexuellen Beziehung kann man nur dann wirklich gewinnen, wenn man alle sieben Körper des Menschen in Verbindung bringt, und das ist eine Aufgabe nicht nur für ein ganzes Leben, sondern für eine ganze Evolution. ... Jedes Mal, wenn wir einer Seele so nahe kommen wie beim Geschlechtsverkehr, entsteht ein karmisches Band, und noch für eine beträchtliche Zeit danach bleibt eine Bindung bestehen.

Weshalb die Dualseele zum gegenwärtigen Zeitpunkt nicht unbedingt der geeignetste Seelenpartner sein muss

Wenn wir die bisherigen Erläuterungen in diesem Kapitel aufmerksam gelesen und uns ebenso aufmerksam vergegenwärtigt haben, kommen wir zwangsläufig zu dem Schluss, dass die Dualseele nicht in jeder Inkarnation – und innerhalb derselben nicht zu jedem beliebigen Zeitpunkt – notwendigerweise der geeignetste Seelenpartner für uns sein muss. Sind zum Beispiel die zuvor behandelten Körper, deren es ja insgesamt sieben gibt, während eines bestimmten Zeitraumes (der eine ganze Inkarnation umfassen kann, aber ebenso auch entweder nur einen Teil der Inkarnation oder andererseits mehrere aufeinanderfolgende Inkarnationen) unterschiedlich entwickelt, wird sich eine Beziehung zwischen zwei Dualseelen nur dann zu beiderseitigem Wohlgefallen gestalten, wenn sie miteinander in einer Lehrer-Schüler-Rolle stehen. Das bedeutet, dass der auf dem spirituellen Wege weiterentwickelte Partner seinen in diesem Sinne weniger vorangeschrittenen Partner fördert und so zu seiner schnelleren Entwicklung beiträgt. In diesem Falle funktioniert eine solche Beziehung wunderbar, und es braucht wohl nicht näher darauf eingegangen zu werden, dass in einer gut funktionierenden Lehrer-Schüler-Partnerschaft auch der Lehrer einige ihm bisher noch nicht so gegenwärtige Dinge vom Schüler lernen wird. Nur ergänzend sei hier noch der Hinweis gegeben, dass eine solche Lehrer-Schüler-Beziehung natürlich auch in anderen Partnerschaften (also nicht nur zwischen Dualseelen) anwendbar ist und gerade für den in dieser Beziehung lernenden und sich somit schneller vorwärts entwickelnden Partner von einem nicht zu unterschätzenden Vorteil ist.

Anna Marie Bernard geht in dem Artikel *Soul Mates and Twin Flames* der Zeitschrift *The Coming Revolution* (Winterausgabe 1981), sogar davon aus, dass solche

Lehrer-Schüler-Beziehungen die bestmögliche aller Varianten von Dualseelenpartnerschaften sind: *Obwohl Zwillingsflammen* (lediglich ein anderes Wort für Dualseelen) *jede nur mögliche Beziehung miteinander eingehen, um das volle Potential der Liebe zu entfalten, ist die Lehrer-Schüler-Beziehung die bestmögliche von allen. Denn in dieser kann derjenige, der das Christus-Bewusstsein bereits erlangt hat, seine andere Hälfte durch den Magnet ihrer Liebe zu Gott heraufziehen. Derjenige, der auf dem Weg schon weiter vorangeschritten ist, wird zum Lehrer seiner geliebten anderen Hälfte – und ist in der Lage, mittels der gewaltigen Kraft ihrer Liebe und aufgrund ihrer wesenhaften Einheit, das Bewusstsein seiner Zwillingsflamme zu erweitern.*

Doch eine solche Lehrer-Schüler-Beziehung kann natürlich nur dann funktionieren, wenn beide Partner dazu bereit sind. Von Seiten des spirituell schon weiter entwickelten Partners wird es hiergegen freilich keine Einwände geben, denn er wird sehr glücklich darüber sein, die Gelegenheit zu haben, seine geliebte andere Hälfte voranzubringen. Umgekehrt mag es eher Probleme geben. Nicht jede Seele, die im spirituellen Sinne noch nicht allzu weit entwickelt ist, wird so ohne weiteres dazu bereit sein, sich auf einem ihr noch relativ unbekannten Gebiet in eine Schülerrolle zu begeben; dies vor allem dann nicht, wenn sie den Nutzen, den sie zweifelsohne aus einer solchen Beziehung ziehen wird, nicht so ohne weiteres zu erkennen vermag. In unserer heutigen Gesellschaft wird dies insbesondere dann entsprechende Schwierigkeiten in sich bergen, wenn die Ansichten und Erfahrungen des weiter entwickelten Partners sich nicht mit den bisherigen Erfahrungen und empfangenen Belehrungen des weniger entwickelten Partners decken. Das trifft insbesondere dann zu, wenn der geringer entwickelte Partner bisher entweder sehr weltlich oder im kirchlich-religiösen Sinne geprägt ist.

Funktioniert also eine solche Lehrer-Schüler-Beziehung zwischen Dualseelen nicht, kommen wir leicht zu der Erkenntnis, dass eine solche Beziehung für beide Seiten – zumindest auf diesem Gebiet, die der höher entwickelten Seele aber ein unbedingtes Bedürfnis sein wird und für die andere Seele eine nicht nachvollziehbare Belastung (vgl. hierzu die zuvor behandelte Darlegung Dion Fortunes über die verschieden entwickelten Körperstufen und die jeweiligen Bedürfnisse derselben) – unbefriedigend verlaufen wird. In einem solchen Fall wird sich also möglicherweise oft eine andere Seelenpartnerschaft, in der alle Körper beider Partner in etwa gleichermaßen entwickelt sind und gleiche oder ähnliche Bedürfnisse bestehen, für alle Beteiligten zu einer größeren Zufriedenheit gestalten, als eine Beziehung zwischen zwei zum gegenwärtigen Zeitpunkt zu unterschiedlich entwickelten Dualseelen. In einem solchen Fall wird möglicherweise auch das Dharma – die jeweilige Lebensaufgabe – der beiden Duale voneinander abweichen.

Also kommen wir zu dem Ergebnis, dass in einem solchen Fall eine andere Seelenpartnerschaft ganz offensichtlich mehr Nutzen bringt und ein größeres spirituelles Entwicklungspotential bereit hält als eine Partnerschaft zwischen zwei derzeit so unterschiedlich entwickelten Dualseelen mit unterschiedlichen Aufgaben. Doch soll hiermit keineswegs angedeutet sein, dass eine unterschiedliche Entwicklung auf dieser Basis eine Vereinigung zwischen zwei Dualseelen ausschließt; und wenn sie ihre Liebe wiederentdecken, werden sie einerseits – trotz aller möglichen Unterschiede – nicht voneinander lassen können; und andererseits besteht durch die Macht und das Geheimnis einer solchen Liebe jederzeit die Möglichkeit der Einswerdung. Die Liebe allein wird schon den noch weniger entwickelten Partner aufwärts leiten, doch muss der weiter entwickelte Partner gefestigt genug sein, dass er sich von seinem Dual nicht herabziehen lässt und sollte nach Möglichkeit Kontakte zu Gleichgesinnten pflegen, mit denen er Dinge austauschen kann, für die sein Dual noch nicht die nötige Reife besitzt.

Abschließend will ich aber noch deutlich betonen, dass ein Seelenpartner auf unserem spirituellen Weg nicht unbedingt erforderlich ist. Schon zu allen Zeiten haben viele hochentwickelte Seelen über eine lange Zeit hinweg völlig allein und ohne einen Seelenpartner gewirkt und dabei oft ihre besten Werke vollbracht.

Vor allem sei hier auch darauf hingewiesen, dass jede Seele unterschiedlich viele Seelenpartner und Seelengefährten haben mag, während alle *eine* Dualseele haben. Wie oft und für welche Zeiträume man jedoch seinen verschiedenen Seelenverwandten (mit diesem Begriff meine ich alle drei Arten von Seelenpartnerschaften) begegnet, ist völlig unterschiedlich und hängt in der Regel auch von unserem derzeitigen Wirken ab.

Während keine Verbindung so tief sein kann wie mit unserer Zwillingsseele, so fühlen wir bei einer Begegnung mit einem karmischen Seelengefährten doch ebenso oft ein unergründliches tieferes Geheimnis und eine innige Liebe, die wir uns nicht zu erklären vermögen und deren Ursache wir nicht kennen. Bei der Begegnung mit einem Seelenpartner ist dagegen Liebe in ihrem tieferen Sinne nur selten vorhanden. Hier kommt die Anziehung durch unsere gemeinsamen Interessen zustande und man meint oft nur, sich zu lieben, weil man eben so viele Interessen miteinander teilt und sich so gut versteht. Doch Seelenpartnerschaften sind zwischen Mann und Frau nicht sehr häufig, wie bereits an anderer Stelle in diesem Kapitel erörtert wurde. Oft wird man im Laufe seines Lebens vielleicht nur einem gegengeschlechtlichen Seelenpartner begegnen, wenn überhaupt. Seelenpartnerschaften bestehen oft zwischen gleichgeschlechtlich verkörperten Seelen. Seelenpartner, ganz gleich ob gegen- oder gleichgeschlechtlich, teilen oft eine bestimmte Zeitlang eine gemeinsame Aufgabe miteinander. Wenn die Seelenpartnerschaft nicht sehr intensiv ist – also nicht schon über mehrere Inkarnationen hinweg besteht und die beiden auch nicht zu derselben ursprünglichen Seelengruppe gehören – wird diese Partnerschaft in der Regel beendet sein, wenn die gemeinsame Aufgabe erfüllt ist. Alle Seelenpartnerschaften sind in der Regel dadurch gekennzeichnet, dass eine große Zuneigung zueinander besteht, die jedoch nicht mit der Liebe zwischen Seelengefährten oder gar Dualseelen zu verwechseln ist.

Die Seelenverwandten von Edgar Cayce

Aus den Readings von Edgar Cayce (1877–1945) geht hervor, dass seine Frau Gertrude seine karmische Seelengefährtin war, die ihm über viele Inkarnationen hinweg immer wieder begegnete. Aus ihrer Ehe gingen zwei Söhne hervor. In einem ganz besonderen Maße fühlte sich Gertrude von Anfang an mit ihrem erstgeborenen Sohn Hugh Lynn sehr eng verbunden, sodass es sie später durchaus nicht überraschte, als sie durch ein Reading ihres Mannes erfuhr, dass sie und Hugh Lynn Zwillingsseelen waren. Die Readings verrieten ferner, dass Edgar Cayce seine Zwillingsseele in seiner langjährigen Sekretärin und Freundin Gladys Davis fand. So verwundert es auch hier nicht, dass zwischen beiden eine sehr enge gegenseitige Anziehung vorhanden war.

Alle vier zusammen waren gleichzeitig Seelenpartner, die Hugh Lynn freilich erst später, als er in das entsprechende Alter gekommen war – gemeinsam an einer Aufgabe arbeiteten. Sie waren aber nicht *gewöhnliche* Seelenpartner (also solche, die nur vorübergehend miteinander verbunden waren), sondern gemeinsam noch mit anderen Seelen, denen sie immer wieder begegneten, seit Anbeginn der Zeit zusammen, als sie alle aus dem Einen hervorgegangen waren und sich gemeinsam in die grobstoffliche Ebene begeben hatten. Sie bildeten also das, was ich schon zuvor als eine *Seelengruppe* bezeichnet habe und über die es in W. Howard Church's *Die siebzehn Leben des Edgar Cayce* (Genf 1988, Seite 27) heißt: *Alle Seelenwesenheiten, die im Lauf der Jahre zu Edgar Cayce gezogen wurden und Lebensreadings von ihm erhielten, bilden in gewissem Sinn eine Einheit, eine unzertrennliche »Seelengruppe«; wie die grundverschiedenen, doch miteinander verbundenen Teile eines Körpers; so hat jede Seele eine ganz eigene, individuelle Rolle zu spielen, entweder in Harmonie oder aber in Konflikt mit den anderen Gruppenmitgliedern.*

Hieraus wird deutlich, dass jede Seele einer bestimmten Seelengruppe angehört, die zu Beginn der Schöpfung gemeinsam als eine Gruppeneinheit aus der *Substanz des einen Lebens* in den kosmischen Kreislauf getreten sind und sich immer wieder begegnen. Hierzu gehören neben der Dualseele auch unsere wirklichen Seelengefährten und Seelenpartner, mit denen wir in einer bestimmten, magnetisch funktionierenden und niemals endenden Verbindung stehen.

Wie bereits von Church dargelegt, sind die Mitglieder einer solchen Seelengruppe einander jedoch keineswegs immer freundlich gesinnt, wie man vielleicht meinen möchte. Sie treten oft auch als Feinde gegeneinander auf, nutzen sich gegenseitig aus – das kann aber durchaus auch »nur« einseitig geschehen, wie beispielsweise bei Edgar Cayce, der in einer früheren Inkarnation als John Bainbridge eine Indianerin (seine spätere Frau Gertrude) benutzt und um ihr gesamtes Vermögen beraubt hatte – oder fügen sich anderes Leid zu.

4. Seelenpaare in der Antike

In diesem Kapitel werden zwei weltberühmte Liebespaare aus der Antike vorgestellt, die späteren Liebesgeschichten immer wieder zum Vorbild dienten und in solchen auch immer wieder Erwähnung fanden. Sie weisen alle charakteristischen Merkmale einer Dualseelenbeziehung auf und können insofern als zu den ältesten überlieferten Dualseelengeschichten gehörend betrachtet werden. Inwieweit diese Liebespaare historisch sind und in welchem Maße sich in diesen Mythen Dichtung und Wahrheit miteinander mischen, ist freilich nicht mehr feststellbar. Deshalb werden ihre Mythen in diesem Kapitel separat behandelt und nicht in eines der beiden folgenden eingearbeitet, in denen wir uns Dualseelenaspekte der Weltliteratur und berühmte Seelenpaare ansehen werden.

Orpheus und Eurydike

Dieser Mythos erzählt, dass Orpheus seine Gattin Eurydike durch einen tödlichen Schlangenbiss verlor. Daraufhin stieg Orpheus in die Unterwelt herab und bat deren Herrscher durch wehmütige Klagelieder eindringlich, Eurydike wieder aus der Unterwelt freizugeben und mit ihm auf die Erde zurückkehren zu lassen. Die

Unterweltherrscher waren von seinem traurigen Gesang und einer solch innigen Liebe dermaßen gerührt, dass sie ihm diese Bitte gewährten; allerdings unter der Bedingung, dass er seine Gattin bis zum Verlassen der Unterwelt nicht ansehen dürfe. Seine Liebe war jedoch so groß, dass er es nicht unterlassen konnte, sie noch vor Verlassen der Unterwelt anzusehen und so verlor er Eurydike, die fortan in der Unterwelt gefangen blieb. Orpheus musste allein auf die Erde zurück. Seine Liebe zu Eurydike blieb aber dennoch unverändert bestehen, sodass er keinerlei Interesse an anderen Frauen hatte. Eine Schar thrakischer Mänaden, deren Verführungskünste bei ihm fehlschlugen, war darüber so erbost, dass sie Orpheus aus Zorn in Stücke rissen.

Amor und Psyche

Ein anderes antikes Liebespaar aus der Urzeit sind die wunderschöne Psyche und der Liebesgott Amor. In diesem Mythos ist es Psyche verboten, ihren Gatten, den sie bis dahin nie zu Gesicht bekommen hatte, anzuschauen. Apuleius, der im 2. Jh. n. Chr. lebte, erzählte den Mythos von Amor und Psyche in seinem Roman *Der goldene Esel*. An dieser Erzählung wollen wir uns bei der Betrachtung dieses Mythos orientieren:

Psyche war die dritte und jüngste Tochter eines Königpaares. Ihre Schönheit, die nicht in Worten ausgedrückt werden konnte, war von so besonderer Art, dass sie von vielen Menschen wie die Göttin Venus (Aphrodite) selbst in frommer Anbetung verehrt wurde. Darüber geriet Venus dermaßen in Zorn, dass sie ihrem geflügelten Sohn Amor (Eros) befahl, seine Mutter für diese Schmach zu rächen und Psyche mit der verzehrendsten Liebe zum niedrigsten der Menschen zu erfüllen.

Und sofort lastete der Fluch der Liebesgöttin auf Psyche, denn obwohl viele Männer sie bestaunten und verehrten, begehrte sie doch keiner zur Frau. Psyche verweinte ihre einsamen Tage, krank am Leib und wunden Herzens, und verwünschte ihre Schönheit. Also befragte ihr Vater das uralte Orakel des Gottes von Milet, wo er um einen Gemahl für seine unglückliche Tochter bat und betete. Das Orakel teilte ihm das unumgängliche Schicksal der Psyche mit, sich der Todeshochzeit unterziehen zu müssen.

An ihrem Hochzeitstag blieb Psyche, in banger Erwartung des unbekannten Gatten, allein auf dem Gipfel des zur Hochzeit bestimmten Berges stehen. Da nahte sich der linde Zephyr und hob sie mit flatterndem Gewand sacht empor, trug sie davon und bettete sie auf einen Wiesengrund, auf dem Psyche sogleich einschlief. Als sie aufwachte, entdeckte sie in unmittelbarer Nähe einen durch göttliche Kunst erbauten Palast und betrat ihn. Nachdem sie in demselben alle nur erdenklichen Freuden genossen hatte, begab sie sich zur Ruhe und vernahm in der tiefen Nacht ein leises Geräusch: Ihr unheimlicher Gemahl hatte das Brautbett bestiegen und Psyche zu seiner Gattin gemacht, war aber vor Tagesanbruch schnell wieder verschwunden. So wiederholte sich dieser Vorgang in jeder Nacht. Er kam bei Nacht und ging vor der Morgendämmerung, sodass sie ihn nicht sehen konnte. Immer wieder erklärte und ermahnte er sie, dass sie ihn niemals sehen dürfe, da sonst ihr Glück vorbei sei.

Doch ihre bösartigen Schwestern, die erahnten, dass sie mit einem Gott verheiratet sein musste, missgönnten Psyche soviel Glück und hetzten sie gegen ihren Gatten auf, indem sie die aus der Luft gegriffene Behauptung aufstellten, dass ihr Gemahl nur die Geburt des ersten Kindes (Psyche war mittlerweile schwanger) abwarten würde, um sie dann zusammen mit dem Neugeborenen zu verschlingen. Psyche glaubte ihnen tatsächlich diesen Unfug und ließ sich sogar dazu anstiften, in der kommenden Nacht einen Mordanschlag auf ihren Gatten zu verüben.

Als ihr Gatte sich im Tiefschlaf befand, holte sie Lampe und Messer, um den heimtückischen Plan ihrer gemeinen Schwestern zu erfüllen. Durch die hochgehaltene Lampe erkannte sie aber den im Bett liegenden Gott, Cupido, und sah sogleich von ihrem Mordplan ab, doch fiel ein Tropfen heißen Öls aus der brennenden Lampe auf die rechte Schulter des Gottes, der davon erwachte. Er war enttäuscht, dass sie ihr Versprechen, ihn niemals anzusehen, nicht eingehalten hatte und ihn sogar umbringen wollte. Er erzählte ihr, dass er den Befehl seiner Mutter hatte, Psyche der Sinnengier eines Flegels preiszugeben und sie ihm in Schande zu verbinden, stattdessen aber selbst als Liebender zu ihr geflogen war. Enttäuscht strafte er sie durch seine Flucht. Psyche war darüber so unglücklich, dass sie sich im nahen Fluss ertränken wollte, was der Flussgott jedoch nicht zuließ.

Ein geschwätziger Vogel setzte Venus zu diesem Zeitpunkt über die Ehe ihres Sohnes mit der ungeliebten Psyche in Kenntnis, worüber die Göttin sehr erzürnte. Zur gleichen Zeit begab sich Psyche auf die Suche nach dem entflogenen Cupido und begegnete zu allem Überfluss der Göttin Venus, die Psyche immer neue Aufgaben zuteilte, die diese zu lösen hatte. Bei der Befolgung von einem dieser Aufträge brachte Psyche sich selbst in arge Bedrängnis, wurde aber von Cupido, der es ohne sie längst nicht mehr ausgehalten hatte, aus ihrer Notlage befreit und konnte somit die an sie gestellte Aufgabe zu Ende führen, während Cupido zum Jupiter flog, um seine Hilfe zu erflehen. Jupiter versprach ihm seine Hilfe und verkündete in der kurzfristig einberufenen Götterversammlung die bevorstehende Eheschließung von Cupido und Psyche. Merkur führte Psyche in den Himmel, reichte ihr einen Becher mit Ambrosia und nahm mit folgenden Worten die Trauung vor: »Trinke, Psyche, und sei unsterblich! Und niemals soll sich Cupido von dir scheiden, sondern eure Ehe soll ewig sein.«

5. Dualseelen in der Weltliteratur

Es ist erstaunlich, wie häufig in weltbekannten literarischen Werken bzw. aus der Feder von weltbekannten Autoren der Dualseelengedanke hervortritt.

Klopstocks Oden

Der deutsche Dichter Friedrich Gottlieb Klopstock hat das Thema in mehreren seiner Oden in den Mittelpunkt gestellt. Die entsprechenden Zeilen dieser Oden, in denen er das grundsätzliche Geheimnis der Seelenverbindung und die Trennung der Duale behandelt (*An Gott*), den Grund für die Trennung der Duale in Frage stellt, weil er sie ganz offensichtlich überhaupt nicht nachvollziehen kann (*Die Verwandlung*) und auf die letztendlich irgendwann wieder zurückgewonnene dauerhafte Verbindung der Dualgeister eingeht (*An Fanny* und *An Gott*), werden im folgenden Text behandelt.

Über das Geheimnis der Seelenverbindung und ihrer tiefen Liebe zueinander, von der keine Seele ausgenommen ist, da jede ihr Dual hat, schreibt er in seiner Ode *An Gott*, zunächst die Dualverbindung zwischen Adam und Eva bestätigend: ... *Eine ward Königin der andern alle, deines Bildes letzter und göttlichster Zug, die Liebe! ... Die grubst du Adam tief in sein Herz hinein! Nach seinem Denken von der Vollkommenheit, ganz ausgeschaffen, ihm geschaffen, brachtest du, Gott, ihm der Menschen Mutter (Eva)!«* In den nachfolgenden Zeilen geht er dann auf seine eigene Dualverbindung ein: *»Die grubst du mir auch tief in mein Herz hinein! Nach meinem Denken von der Vollkommenheit, ganz ausgeschaffen, mir geschaffen, führst du sie weg, die mein ganzes Herz liebt! Der meine Seele ganz sich entgegengießt, mit allen Tränen, welche sie weinen kann, die volle Seele ganz zuströmet, führst du sie mir, die ich liebe, Gott, weg! Weg durch dein Schicksal, welches unsichtbar sich dem Auge fortwebt, immer ins Dunklere webt! Fern weg den ausgestreckten Armen, aber nicht weg aus dem bangen Herzen! Und dennoch weißt du, welch ein Gedank' es war, als du ihn dachtest, und zu der Wirklichkeit erschaffend riefst, der, dass du die Seelen fühlender, und füreinander schufest! Das weißt du, Schöpfer! Aber dein Schicksal trennt die Seelen, die du so füreinander schufst ...*

Und mit dem Unverständnis des Dichters, warum die Trennung der Duale denn überhaupt stattgefunden hat, schreibt er in seiner Ode *Die Verwandlung: Wenn du, da du die Seelen erschufst, zwei Seelen von vielen, mütterliche Natur, zärtlicher und sich ähnlich erschufst, und gleichwohl sie trenntest, sage, was dachtest du da, mütterliche Natur? Sonst immer weise, mir aber hier nicht weise genug, hier nicht zärtlich genug! Nicht mehr die liebende Mutter, die du immer sonst warst!*

Auf die letztendlich aber nur zeitlich bedingte Wiedervereinigung der voneinander getrennten und doch für die Ewigkeit füreinander bestimmten Dualgeister, geht er in seiner Ode *An Fanny* ein, in der es heißt: *Dann wird ein Tag sein, den werd ich auferstehn! Dann wird ein Tag sein, den wirst du auferstehn! Dann trennt kein Schicksal mehr die Seelen, die du einander, Natur, bestimmtest.«* *Auch in seiner Ode An Gott berührt er dieses Thema: »Einst löst des Schicksals Vater in Klarheit auf, was Labyrinth war; Schicksal ist dann nicht mehr. Ach, dann, bei trunkenem Wiedersehen, gibst du die Seelen einander wieder!*

Wie bereits in der Einleitung erwähnt, ist in vielen Schriften bedeutender Autoren das literarische Werk über Dualseelen zugleich eng mit ihrem eigenen Leben verknüpft. Das ist bei Klopstock ebenso der Fall wie bei Novalis, Dante, Hölderlin und Friedrich Schlegel. Aus diesem Grund halte ich es für angebracht, das jeweils aus der Motivation einer persönlichen Liebe entstandene Werk stets in Verbindung mit der dem jeweiligen Autor eigenen großen Liebe darzustellen. So findet der interessierte Leser historische Hintergründe zu einigen der nachfolgend behandelten Geschichten, zum Teil in diesem und zum Teil im nächsten Kapitel.

Novalis – Heinrich von Ofterdingen

Heinrich wurde in einem Traum heftig bewegt durch den Anblick einer geheimnisvollen blauen Blume: *Er sah nichts als die blaue Blume, und betrachtete sie lange mit unnennbarer Zärtlichkeit. Endlich wollte er sich ihr nähern, als sie auf einmal sich zu bewegen und zu verändern anfing; ... die Blume neigte sich nach ihm zu, und die Blütenblätter zeigten einen blauen ausgebreiteten Kragen, in welchem ein zartes Gesicht schwebte.* Bei der morgendlichen Nachbetrachtung dieses Traumes dünkte es ihn, als sei dieses nächtliche Erlebnis mehr als ein bloßer Traum gewesen; dass diese Erfahrung in seine Seele *wie ein weites Rad hineingreift, und sie in mächtigem Schwunge forttreibt.*

Eine gewisse Zeit später begleitete Heinrich seine Mutter nach Augsburg, wo er zum ersten Mal seinen Großvater sehen sollte. Auf der Reise dorthin lernten sie in einem Wirtshaus einen alten Mann kennen, mit dem sie eine Zeitlang auf ihrer Weiterreise verbunden blieben. Während einer Ruhepause auf ihrer weiteren Reiseroute entdeckten Heinrich und der alte Mann eine Höhle, die sie betraten. Dort machten sie die Bekanntschaft eines Einsiedlers, der in dieser Höhle lebte. Dieser Einsiedler hatte eine umfangreiche Büchersammlung, die sofort die rege Aufmerksamkeit von Heinrich auf sich zog. Während der alte Mann mehr Interesse daran hatte, sich von dem Einsiedler noch einige andere Höhlen in der Umgebung zeigen zu lassen, blieb Heinrich mit Erlaubnis des Höhlenbewohners alleine bei den Büchern zurück. Bei deren Durchsicht fiel ihm ein Buch in die Hände, für das er sich sofort erwärmte. Zwar hatte es keinen Titel und war zudem noch in einer fremden Sprache geschrieben, die Heinrich nicht verstand, doch fand er darin einige Bilder. Diese *dünkten ihm ganz wunderbar bekannt, und wie er recht zusah, entdeckte er seine eigene Gestalt ziemlich kenntlich unter den Figuren. Er erschrak und glaubte zu träumen, aber beim wiederholten Ansehn konnte er nicht mehr an der vollkommenen Ähnlichkeit zweifeln. … Allmählich fand er auf den anderen Bildern ... seine Eltern ... und manche andere seiner Bekannten. Eine große Menge Figuren wusste er nicht zu nennen, doch deuchten sie ihm bekannt. Er sah sein Ebenbild in verschiedenen Lagen und sah sich ... in trauter Umarmung mit einem schlanken lieblichen Mädchen ...*

Bei seinem Großvater angekommen, wurde Heinrich während einer festlichen Gesellschaft dem Dichter Klingsohr vorgestellt, mit dem sich sofort ein interessantes Gespräch über die Dichtkunst entwickelte. Sein Großvater, der sich zwischenzeitlich entfernt hatte, kam bald in Gesellschaft von Klingsohrs Tochter Mathilde zu den beiden zurück. Als Heinrich und Mathilde einander vorgestellt wurden, sahen sie einander mit Verwunderung an. Im Laufe des Abends sah er sich immer wieder nach Mathilden um, *die über den Ausdruck seines Gesichtes erstaunte. Im Feuer des Gesprächs ergriff er unvermerkt ihre Hand, und sie konnte nicht umhin, manches was er sagte, mit einem leisen Druck zu bestätigen. ... Er hielt ihre Hand und küsste sie zärtlich. Sie ließ sie ihm, und blickte ihn mit unbeschreiblicher Freundlichkeit an. Er konnte sich nicht halten, neigte sich zu ihr und küsste ihre Lippen. Sie war überrascht, und erwiderte unwillkürlich seinen heißen Kuss. Gute Mathilde, lieber Heinrich, das war alles, was sie einander sagen konnten. Sie drückte seine Hand, und ging unter die andern. Heinrich stand, wie im Himmel ...*

Es war tief in der Nacht, als die Gesellschaft auseinander ging und Heinrich sein Erlebnis mit Mathilde resümierte: *Ist mir nicht zumute, wie in jenem Traume, beim Anblick der blauen Blume? Welcher sonderbare Zusammenhang ist zwischen Mathilden und dieser Blume?* Und beim weiteren Nachdenken wurde ihm bewusst, dass er ihr Gesicht bereits in jenem seltsamen Buch in der Höhle gesehen hatte. Bei dieser Feststellung bewegten ihn die folgenden Gedanken: *Sie wird meine innerste Seele, die Hüterin meines heiligen Feuers sein. Welche Ewigkeit von Treue fühle ich in mir! Ich ward nur geboren, um sie zu verehren, um ihr ewig zu dienen, um sie zu denken und zu empfinden. Gehört nicht ein eigenes ungeteiltes Dasein zu ihrer Anschauung und Anbetung? Und bin ich der Glückliche, dessen Wesen das Echo, der Spiegel des ihrigen sein darf?* Und in freudigem Entzücken rief er diesen heiligen Schwur aus: *»Für Mathilden will ich leben, und ewige Treue soll mein Herz an das ihrige knüpfen.«*

Schon bald gingen die beiden miteinander die Ehe ein. Mathilde kam es so vor, als ob sie Heinrich schon seit undenklichen Zeiten kannte, und ihr war, als finge sie erst jetzt zu leben an. Auch Heinrich fühlte zum ersten Mal in seinem Leben, was es heißt, unsterblich zu sein. Im Verlauf der weiteren Geschichte entwickelte sich das folgende *Dualseelen*-Gespräch zwischen den beiden glücklich Liebenden:

»Ach! Mathilde, auch der Tod wird uns nicht trennen.« – »Nein Heinrich, wo ich bin, wirst du sein.« – »Ja, wo du bist, Mathilde, werd ich ewig sein.« – »Ich begreife nichts von der Ewigkeit, aber ich dächte, das müsste die Ewigkeit sein, was ich empfinde, wenn ich an dich denke.« – »Ja Mathilde, wir sind ewig, weil wir uns lieben.« Im weiteren Gespräch erzählte Heinrich ihr auch, dass das von ihr in ihm erweckte Verlangen *nicht aus dieser Zeit* ist. Beide sahen in ihrem Gegenüber nicht nur die irdische Gestalt, sondern zugleich auch ihr ewiges Urbild, von

dem ihre irdische Erscheinung nur ein Schatten war. Sie erkannten ferner, wie sehr ihre eigene Entwicklung vom anderen abhängt. Dies belegen die folgenden Worte, die Heinrich zu Mathilde sprach: »*O! Mathilde, von dir allein kommt mir die Gabe der Weissagung. Alles ist ja dein, was ich habe; deine Liebe wird mich in die Heiligtümer des Lebens, in das Allerheiligste des Gemüts führen; du wirst mich zu den höchsten Anschauungen begeistern ...*«

Friedrich Hölderlin – Hyperion

In diesem Briefroman, den Hölderlin in den Jahren 1797 bis 1799 schrieb, wird die Liebe des Dualseelenpaares Hyperion und Diotima geschildert. Zu diesen beiden Romanfiguren ist anzumerken, dass zum einen Hölderlin den Hyperion als Ich-Erzähler auftreten lässt und sich wahrscheinlich auch mit ihm identifiziert, und zum anderen für viele Hölderlin-Forscher der Name *Diotima* als Pseudonym für die große Liebe seines Lebens, Susette Gontard, steht (vgl. nächstes Kapitel).

Die in diesem Roman behandelten Dualseelenaspekte habe ich der besseren Übersicht wegen in der folgenden Zusammenfassung thematisch untergliedert.

Seine ewige Verbundenheit mit Diotima bringt Hyperion mit den folgenden Worten zum Ausdruck: *Eh es eines von uns beenden wusste, gehörten wir uns an.* Und weiter: *Wir waren Eine Blume nur, und unsre Seelen lebten in einander, wie die Blume, wenn sie liebt, und ihre zarten Freuden im verschlossnen Kelche verbirgt.*

Beide fanden in ihrer Begegnung miteinander das

himmlische Glück, das Hyperion aus seiner Sicht in einem Brief an Bellarmin wie folgt zum Ausdruck bringt: *Ich war einst glücklich, Bellarmin! Bin ich es nicht noch? War ich es nicht, wenn auch der heilige Moment, wo ich zum ersten Male sie sah, der letzte wäre gewesen?*

Über diesen alles entscheidenden Augenblick, durch den die Zeit ihre Bedeutung verliert, heißt es an anderer Stelle: *Was sind Jahrhunderte gegen den Augenblick, wo zwei Wesen so sich ahnen und nahn? ... Was ist alles, was in Jahrtausenden die Menschen taten und dachten, gegen Einen Augenblick der Liebe? Es ist aber auch das Gelungente, Göttlichschönste in der Natur! Dahin führen alle Stufen auf der Schwelle des Lebens. Daher kommen wir, dahin gehn wir.*

Hyperion beschreibt weiter, was er schon bei der ersten Begegnung mit seinem Dual empfand: *Ach! Es war alles geheiliget, verschönert durch ihre Gegenwart.* Und so kommt er schließlich zu der an Diotima gerichteten Erkenntnis: *Mit dir begann ich. Sie sind der Worte nicht wert, die Tage, da ich noch dich nicht kannte – O Diotima, Diotima, himmlisches Wesen!*

Des weiteren schildert Hyperion, wie er über die vorirdische Vergangenheit mit seinem Seelenzwilling Diotima durch eine Vision erfuhr, *wie Hyperions Geist im Vorelysium mit seiner holden Diotima gespielt, eh er herabgekommen zur Erde, in göttlicher Kindheit bei dem Wohlgetöne des Quells ...* Und wie die Vergangenheit, vermag er auch die nachirdische Zukunft mit ihr visionär zu erfassen: *Da flogen wir, Diotima und ich, da wanderten wir, wie Schwalben, von einem Frühling der Welt zum andern, durch der Sonne weites Gebiet und drüber hinaus, zu den anderen Inseln des Himmels ... Und er kommt zu der Schlussfolgerung: O es ist doch wohl wünschenswert, so aus Einem Kelche mit der Geliebten die Wonne der Welt zu trinken!*

Und so wie er die Visionen seiner Vergangenheit und Zukunft mit Diotima beschreibt, geht er an anderer Stelle noch auf die Hintergründe der Trennung der Duale und ihre unablässige Suche nach einander sowie auf die Verschmelzung der Einzelseele mit dem Dual und dem EINEN LEBEN (dem Eintritt ins Nirvana) ein.

In einem Gleichnis über Sonne und Erde, die er hier als ein duales Paar betrachtet, bezeichnet Hölderlin – hinsichtlich der durch die Trennung vom Dual bedingte Reife der Einzelseele – die Erde als *die immer treuer liebende Hälfte des Sonnengotts, ursprünglich vielleicht inniger mit ihm vereint, dann aber durch ein allwaltend Schicksal geschieden von ihm, damit sie ihn suche, sich nähere, sich entferne und unter Lust und Trauer zur höchsten Schönheit reife.*

Hyperion, der schon bei der ersten Begegnung mit Diotima ein heiliges Geheimnis zwischen ihr und ihm fühlt, *ein seltsames Gemische von Seligkeit und Schwermut*, das beide aus dem gewöhnlichen Dasein herausreißt, empfindet durch diese innige Verbindung mit Diotima die Ketten des Schicksals so stark wie nie zuvor und sträubt sich daher *gegen das eiserne unerbittliche Gesetz, geschieden zu sein, nicht Eine Seele zu sein mit seiner liebenswürdigen Hälfte.*

Nachdem Hyperion sich schon nach kurzer Zeit wieder von Diotima trennen musste, weil er es als seine höhere Pflicht betrachtete, zur Befreiung Griechenlands von fremder Unterdrückung in den Krieg zu ziehen, und Diotima infolge des darauffolgenden Trennungsschmerzes verstarb, kann er nicht glauben, dass diese Trennung ewig sei: *Diotima! wann sehn wir uns wieder? Es ist unmöglich, und mein innerstes Leben empört sich, wenn ich denken will, als verlören wir uns. Ich würde Jahrtausende lang die Sterne durchwandern, in alle Formen mich kleiden, in alle Sprachen des Lebens, um dir Einmal wieder zu begegnen. Aber ich denke, was sich gleich ist, findet sich bald.*

Wie bereits erwähnt, sind auch die geistige Verschmelzung mit dem Dual und dem Prinzip des Lebens schlechthin Gegenstand seiner philosophischen Betrachtungen.

Dabei ist er sich aber gewiss, dass man nicht erst auf den Tod warten muss, um die Verschmelzung mit dem Seelenzwilling zu erleben, sondern dass dieses Glück bereits auf Erden erfahrbar ist: *Man sagt sonst, über den Sternen verhalle der Kampf, und künftig erst, verspricht man uns, wenn unsre Hefe gesunken sei, verwandle sich in edeln Freudenwein das gärende Leben, die Herzensruhe der Seligen sucht man sonst auf dieser Erde nirgends mehr. Ich weiß es anders. Ich bin den nähern Weg gekommen. Ich stand vor ihr, und hört und sah den Frieden des Himmels, und mitten im seufzenden Chaos erschien mir Urania* (Beiname der altgriechischen Liebesgöttin Aphrodite). An anderer Stelle heißt es zu derselben Thematik: *Ich hob es Einmal gesehn, das Einzige, das meine Seele suchte, und die Vollendung, die wir über die Sterne hinauf entfernen, die wir hinausschieben, bis ans Ende der Zeit, die hob ich gegenwärtig gefühlt. Es war da, das Höchste, in diesem Kreise der Menschennatur und der Dinge war es da!*

Über ihr gemeinsames Nirvana-Erlebnis lässt Hölderlin den Hyperion die folgenden Worte an Bellarmin schreiben: *Unsere Seelen lebten nun immer freier und schöner zusammen, und alles in und um uns vereinigte sich zu goldenem Frieden. Es schien, als wäre die alte Welt gestorben und eine neue begönne mit uns, so geistig und kräftig und liebend und leicht war alles geworden, und wir und alle Wesen schwebten, selig vereint wie ein Chor von tausend unzertrennlichen Tönen, durch den unendlichen Aether.*

Friedrich Schlegel – Lucinde

Schlegel (10.03.1772–12.01.1829) bringt in dieser Erzählung die innige Verbundenheit zwischen Julius und Lucinde zum Ausdruck, wobei – in Übereinstimmung zu der vorher behandelten Geschichte – von besonderem Interesse die Tatsache ist, dass er sich selbst mit Julius identifizierte und der Lucinde die Identität seiner großen Liebe, Dorothea Veit (der ältesten Tochter von Moses Mendelssohn), gegeben hat, die er im Sommer 1797 kennengelernt und im April 1804 geheiratet hatte. Schon als die beiden sich zum ersten Mal begegnet waren, brach zwischen ihnen eine überwältigende Liebe aus, die sie bis zu Schlegels Tode miteinander verband.

Über Schlegels offenherzige Darstellung ihrer Persönlichkeit in der Lucinde schrieb sie an Schleiermacher: *Oft wird es mir heiß und wieder kalt ums Herz, dass das Innerste so herausgeredet werden soll – was mir so heilig war, so heimlich, jetzt nun allen Neugierigen, allen Hassern preisgegeben ... Ich denke aber wieder, alle diese Schmerzen werden vergehen mit meinem Leben, und das Leben auch mit; und alles, was vergeht, sollte man nicht so hoch achten, dass man ein Werk darum unterließe, das ewig sein wird ... !*

Julius spricht in Gedanken zu seiner nicht anwesenden Geliebten, Lucinde, über die Unsterblichkeit ihrer Liebe: »*Es ist Ehe, ewige Einheit und Verbindung unsrer Geister, nicht bloß für das was wir diese oder jene Welt nennen, sondern für die eine wahre, unteilbare, namenlose, unendliche Welt, für unser ganzes ewiges Sein und Leben.*« An späterer Stelle lässt Schlegel den Julius in einem Brief an seine Lucinde schreiben: *Die Natur allein ist die wahre Priesterin der Freude: nur sie versteht es, ein hochzeitliches Band zu knüpfen.*

Ferner ist in dieser Erzählung auch davon die Rede, dass die Liebe in der Nacht viel heller leuchtet (vergleichbar der Sonne, wie Lucinde darlegt) als die Liebe am Tage (die Julius mit der Leuchtkraft des Mondes vergleicht). Dieses Gleichnis ist sicher eine allegorische Umschreibung der Tatsache, dass die Liebe (zwischen zwei Menschen) am Tage – d. h. während ihrer physischen Verkörperung auf der Erde und hier insbesondere während ihres *Wachbewusstseins* – wesentlich schwächer empfunden wird als in der Nacht, in der die Liebenden nicht durch ihre grobstofflichen Körper voneinander getrennt sind. Die Nacht repräsentiert in diesem Zusammenhang zum einen unsere nächtlichen Träume, in denen eine Liebesbeziehung oft noch viel intensiver erfahren wird als im Wachbewusstsein, und zum anderen – das hier dargestellte Gleichnis meint allem Anschein nach noch mehr diese zweite Variante

– die Steigerung des Glücksgefühls von zwei Liebenden im Astralbereich.

In diesem Sinne spricht Julius zu Beginn dieser Erzählung zu Lucinde: »*Dort* (im Astralbereich) *wird dann vielleicht die Sehnsucht voller befriedigt.*« Und er legt im Anschluss hieran dar, wie sehr die beiden Liebenden einander gleich sind: *Ich bin oft darüber erstaunt: jeder Gedanke und was sonst gebildet in uns ist, scheint in sich selbst vollendet, einzeln und unteilbar wie eine Person ...* Julius sieht die gemeinsame Vollendung mit Lucinde in *einem* Wesen voraus (analog der im siebten Kapitel des Buches *Dualseelen* dargestellten Verschmelzung der Duale), wenn er sagt: »*Wir beide werden noch einst in Einem Geiste anschauen, dass wir Blüten Einer Pflanze oder Blätter Einer Blume sind. ... So schlingt die Religion der Liebe unsre Liebe immer inniger und stärker zusammen.*«

Dass das sie verbindende Band niemals reißen kann, bringt Julius ebenfalls zum Ausdruck: »*Nichts kann uns trennen und gewiss würde jede Entfernung mich nur gewaltsamer an dich reißen.*«

Auch auf den Geschlechtswechsel und die tiefere Symbolik der männlichen und weiblichen Hälfte des ganzheitlichen Menschen geht Schlegel ein, wenn er dem Julius im weiteren Text die folgenden Worte in den Mund legt: »*Wenn wir die Rollen vertauschen und mit kindischer Lust wetteifern, wer den andern täuschender nachäffen kann, ob dir die schonende Heftigkeit des Mannes besser gelingt, oder mir die anziehende Hingebung des Weibes. ... Ich sehe hier eine wunderbare, sinnreich bedeutende Allegorie auf die Vollendung des Männlichen und Weiblichen zur vollen ganzen Menschheit.*«

Auch das Schicksal des immer wieder Getrenntwerdens zweier Dualseelen wird hier nicht ausgelassen. Selbst wenn zwei Dualseelen sich über viele Inkarnationen hinweg immer wieder begegnen, eine glückliche Zeit hier auf Erden miteinander teilen und auch nach dem Tode und vor der Wiedergeburt im Astralbereich miteinander vereint sind, so ist den beiden doch immer wieder eine Zeit der Trennung auferlegt: Auf Erden während der Zeit, *bevor* sie sich wieder begegnen (im Sprachgebrauch des Durchschnittsbürgers bedeutet dies *das Kennenlernen* – die *erste* Begegnung) und *nachdem* einer der beiden Partner gestorben ist; im Astralbereich während der Zeit, *bevor* der noch in einem grobstofflichen Körper auf Erden inkarnierte Partner *nachstirbt* und ebenso, *nachdem* einer der beiden erneut einen irdischen Körper angenommen hat. Diesen tragischen Schicksalslauf der Reinkarnierenden erkennend, lässt Schlegel den Julius *ernstlich über die Möglichkeit einer dauernden Umarmung nachdenken: Ich sann auf Mittel, das Beisammensein zu verlängern, und künftig lieber alle kindlich rührenden Elegien über plötzliche Trennung zu verhüten, als uns wie bisher an dem Komischen einer solchen Fügung des Schicksals zu ergötzen, weil es nun doch einmal geschehen und unabänderlich sei.*

Schlegel legt in der Darstellung der Liebesbeziehung von Julius und Lucinde auch dar, dass wahre Liebe zwei liebende Seelen zwar immer mehr zu einem Wesen werden lässt, dabei aber trotzdem die Individualität und der Charakter der Einzelseele nicht untergehen: *Sie waren ganz hingegeben und eins und doch war jeder ganz er selbst, mehr als sie es noch je gewesen waren. ... Nichts zog ihn an-*

fangs so sehr an, und hatte ihn so mächtig getroffen, als die Wahrnehmung, dass Lucinde von ähnlichem ja gleichem Sinn und Geist mit ihm selbst war, und nun musste er von Tage zu Tage neue Verschiedenheiten entdecken. Zwar gründeten sich selbst diese nur auf eine tiefere Gleichheit, und je reicher ihr Wesen sich entwickelte, je vielseitiger und inniger ward ihre Verbindung. Er hatte es nicht geahndet, dass ihre Originalität so unerschöpflich war wie ihre Liebe.

Auch die Tatsache, dass wahre Liebe Dualseelen sich nicht vom Rest der Menschheit abkoppeln lässt, sondern sie in eine innere Verbindung zur gesamten Menschheit, zum gesamten Kosmos und zum Leben schlechthin bringt, lässt Schlegel hier nicht außer acht: *Eine allgemeine Zärtlichkeit schien Julius zu beseelen, nicht ein nutzendes oder mitleidendes Wohlwollen an der Menge, sondern eine anschauende Freude über die Schönheit des Menschen, der ewig bleibt, während die einzelnen verschwinden; ... Aber die volle Harmonie fand er auch von dieser Seite allein in Lucindes Seele, wo die Keime alles Herrlichen und alles Heiligen nur auf den Strahl seines Geistes warteten, um sich zur schönsten Religion zu entfalten.* An einer späteren Stelle lässt Schlegel den Julius zu dieser Thematik noch einen Brief an seine Lucinde schreiben, in dem es heißt: *Wenn man sich so liebt wie wir, kehrt auch die Natur im Menschen zu ihrer ursprünglichen Gottheit zurück. Die Wollust wird in der einsamen Umarmung der Liebenden wieder, was sie im großen Ganzen ist* (vergleiche hierzu: Dualseelen, S. 146) – *das heiligste Wunder der Natur; und was für andre nur etwas ist, dessen sie sich mit Recht schämen müssen, wird für uns wieder, was es an und für sich ist, das reine Feuer der edelsten Lebenskraft.*

Heinrich von Kleist – Das Käthchen von Heilbronn

Heinrich von Kleist (18.10.1777–21.11.1811) schildert hier die Liebe zwischen zwei Menschen, die einander in einem gemeinsamen Traum um Mitternacht während des Jahreswechsels kennen lernen:

Während einer schweren Erkrankung am Nervenfieber ist Friedrich Wetter, dem Grafen vom Strahl, in der Nacht ein Engel erschienen, der ihm verkündet, dass er ihn in der kommenden Silvesternacht, zu der Stunde, in der das neue Jahr beginnt, zu seinem Mädchen führen werde. Und tatsächlich hat er in der angekündigten Silvesternacht um Mitternacht eine Vision, die ihn sich vom Bett erheben und ins Zimmer hineinstarren lässt. Daraufhin verabschiedet er sich von seiner am Bett sitzenden Mutter, streckt alle Glieder von sich, und liegt wie tot auf seinem Bett.

Nachdem er aus diesem Zustand wieder zu sich gekommen ist, will die Mutter wissen, wo er gewesen sei. Darauf entgegnet er mit freudiger Stimme: »*Bei ihr, die mich liebt! Bei der Braut, die mir der Himmel bestimmt hat!*« Und er erzählt seiner Mutter, wie der Engel wiedergekommen war und *ihn, bei der Hand, durch die Nacht geleitet hat; wie er sanft des Mädchens Schlafkämmerlein eröffnet, und alle Wände mit seinem Glanz erleuchtend, zu ihr eingetreten sei; wie das ihm unbekannte Mädchen dagelegen und anschließend, vom Purpur der Freude über und über schimmernd, aus dem Bette gestiegen, und sich auf Knien vor ihm niedergelassen, das Haupt gesenkt, und:*

mein holder Herr! gelispelt; ... und wie die unselige Magd nun, die Mariane, mit Licht gekommen, und die ganze Erscheinung bei ihrem Eintritt wieder verschwunden sei.

Obwohl der Graf sich zwar an diese nächtliche Begebenheit erinnern kann, bleibt ihm aber eine Erinnerung an das Aussehen des Mädchens versagt.
Bald darauf lernt er das Käthchen von Heilbronn kennen, die ihm von nun an auf allen seinen Wegen folgt und ständig seine Nähe sucht.

Dem Grafen drängt sich infolgedessen die Frage auf, weshalb sie, einem Hunde gleich, stets hinter ihm herschreitet, und er kommt für sich zu dem Ergebnis: *Es ist mehr, als der bloße sympathetische Zug des Herzens; es ist irgend von der Hölle angefacht, ein Wahn, der in ihrem Busen sein Spiel treibt. So oft ich sie gefragt habe: Käthchen! Warum erschrakst du doch so, als du mich zuerst in Heilbronn sahst? hat sie mich immer zerstreut angesehen, und dann geantwortet: Ei, gestrenger Herr! Ihr wisst's ja!*

Weil der Graf vernommen hat, dass sie immer im Schlaf spricht, sucht er das schlafende Käthchen auf, um hinter ihr Geheimnis zu kommen. So vernimmt er aus ihrem schlafsprechenden Munde, dass ihre Magd Mariane durch den Blei-Guss an Silvester erkannt habe, dass ein schöner Ritter Käthchen heuern würde; und Käthchen ist sich sicher, dass dieser Ritter niemand anderes ist als der Graf vom Strahl, denn als sie in jener Silvesternacht zu Bett gegangen war, bat sie Gott um ein Zeichen, durch das ihr die Richtigkeit von Marianes Prophezeiung bestätigt werden sollte. Sie bat darum, den Ritter im Traume zu Gesicht zu bekommen. Und noch immer in Schlaf versunken, sprach sie zu dem ihren Worten lauschenden Grafen: »*Und da erschienst du ja, um Mitternacht, leibhaftig, wie ich jetzt dich vor mir sehe, als deine Braut mich liebend zu begrüßen.*«

Und Käthchen fährt in ihrer Erläuterung während ihres noch andauernden Schlafes fort: »*Ein Cherubim* (Engel), *mein holder Herr, war bei dir, mit Flügeln, weiß wie Schnee, auf beiden Schultern, und Licht – o Herr! das funkelte! das glänzte! – der führt', an seiner Hand, dich zu mir ein.*« Der Graf starrt sie an und erwidert: »*So wahr, als ich will selig sein, ich glaube, du hast recht!*« Und durch diesen gemeinsam erlebten Traum erkennen beide schließlich, dass sie wahrhaftig füreinander bestimmt sind.

E.T.A. Hoffmann – Doge und Dogaresse

Hoffmann (24.01.1776–25.06.1822) erzählt hier die Liebesgeschichte der jungen venezianischen Dogaresse Annunziata und des deutschstämmigen Anton Dalbirger, der seit seiner Kindheit aus Gründen, die sein Leben ernsthaft bedrohten, Antonio genannt wurde:

Als der junge Antonio, ein Fremdling in Venedig, auf den Stufen der Markuskirche von einer alten Frau angesprochen wird, erkennt er in ihr zunächst noch nicht seine einstige Pflegemutter Margareta wieder, da in ihm die Erinnerung an seine Kindheit nahezu vollständig erloschen war. Und so kennt er auch nicht den Grund für sein unaussprechliches Verlangen, eine sein Innerstes verzehrende Sehnsucht nach einem Etwas, das er weder zu nennen noch zu denken vermag – das aber sein ganzes Wesen erfasst.

In dem sich entwickelnden Gespräch mit der ihm in seinem Unterbewusstsein doch vertrauten alten Frau, die eine Hexe und doch keine Hexe ist, sinniert er schließlich hinsichtlich seiner tiefen inneren Sehnsucht, deren Ursache er nicht kennt: *»Alles Sinnen, alles Forschen ist vergebens, ich kann es nicht ergründen, was mir früher im Leben so Hochherrliches geschah, dessen dunkler, ach mir unverständlicher Nachklang mich mit solcher Seligkeit erfüllt, aber wird diese Seligkeit nicht zum brennendsten Schmerz, der mich zu Tode foltert, wenn ich erkennen muss, dass alle Hoffnung verloren ist, jenes unbekannte Eden wiederzufinden, ja es nur zu suchen? Gibt es denn Spuren des spurlos Verschwundenen?«*

An einem der folgenden Tage wandelte der achtzigjährige Doge von Venedig mit seiner erst neunzehnjährigen Gattin Annunziata über den vom Volke überströmten Markusplatz. Beim anschließenden Eintritt in den Palasthof, in dem *nur hin und wieder einzelne kleine Haufen besser gekleideter Bürger standen, denen man selbst den Eintritt in den Innern Hof des Palastes nicht wohl verwehren konnte, ... geschah es, dass in dem Augenblicke, als die Dogaresse in den Hof trat, ein junger Mensch, der nebst wenigen andern Leuten am Säulengange stand, mit dem lauten Schrei: »O du Gott des Himmels!« entseelt auf das harte Marmorpflaster niederschlug. Alles lief herbei und umringte den Toten, sodass die Dogaressa ihn nicht erblicken konnte, aber sowie der Jüngling niederstürzte, durchfuhrplötzlich ein glühender Dolchstich ihre Brust, sie erbleichte, sie wankte, nur die Riechfläschchen der herbeieilenden Frauen retteten sie von tiefer Ohnmacht.*

Der vermeintlich Tote war jedoch nur bewusstlos

und niemand anderes als Antonio, in dem durch den kurzen Anblick der Annunziata die Erinnerung an seine Kindheit wiedererweckt wurde. Jetzt erkennt er nicht nur seine einstige Pflegemutter wieder, sondern – und das ist für uns viel bedeutsamer – weiß auch den Grund für seinen seelischen Kummer, der mit der Person der Annunziata untrennbar verbunden ist, wie er Margareta anvertraut: *»Ich habe sie gesehen – sie ist es – sie ist es.«*

Und jetzt erzählt er seiner ehemaligen Pflegemutter von seiner ersten Begegnung mit Annunziata: wie er sich einst unter einem großen Baum niedergelegt hatte, einschlief, und – als er wieder aufwachte – ein Engelskind mit himmlischem Antlitz neben ihm stand und ihm erzählte, dass sie ihm gerade das Leben gerettet habe, indem sie eine sich ihm nähernde Schlange erschlagen habe. Weiter berichtet Antonio bei dieser Rückerinnerung: *Ich sank nieder auf die Knie, ich erhob die gefalteten Hände. »Ach, du bist ja ein Engel des Lichts, den der Herr sandte, mich zu retten vom Tode.«* Und er erzählt weiter von dieser Begebenheit, wie sie antwortete: *»Ach, du lieber Knabe, ich bin ja kein Engel, ein Mädchen, ein Kind wie du!« Da vergingen die Schauer in namenloses Entzücken, das mich mit sanfter Glut durchströmte – ich stand auf – wir schlossen uns in die Arme – wir drückten Lipp' auf Lippe – sprachlos – weinend – schluchzend vor süßem unnennbaren Weh! Nun rief eine silberhelle Stimme durch den Wald: »Annunziata – Annunziata« – »Ich muss nun fort, du herzlicher Knabe, die Mutter ruft«, so lispelte das Mädchen, ein unsäglicher Schmerz durchfuhr meine Brust. – »Ach, ich liebe dich so sehr«, schluchzte ich, heiße*

Tränen, die das Mädchen vergoss, fielen brennend auf meine Wangen. »Ich bin dir so herzensgut, du lieber Knabe«, rief das Mädchen, indem sie den letzten Kuss mir auf meine Lippen drückte. – »Annunziata!« rief es aufs neue, und das Mädchen verschwand im Gebüsch! – Sieh, Margareta, das war der Augenblick, in dem der mächtige Liebesfunke in meine Seele fiel, der, ewig stets neue Flammen entzündend, in mir fortglühen wird!«

Der zuvor geschilderte *Dolchstich*, der die Brust der Dogaressa durchfuhr, war in Wirklichkeit der Biß eines kleinen Skorpions, wie Margareta bald erfahren hatte. Nachdem sie die in Lebensgefahr schwebende Annunziata durch Anwendung einer Wundersalbe gerettet hatte und die Dogaressa sich bei ihr für diese Lebensrettung inständig bedankte, verwies Margareta nur auf die Begebenheit, als Annunziata ihrerseits ihren einstigen Pflegesohn vor der giftigen Schlange gerettet hatte. Und als sie dies hörte, erhellte sich das Gesicht der Dogaressa, die im nächsten Moment erwiderte: »*Ach, es war ein holder lieber Knabe – oh, wie gedenk ich noch seiner – es ist mir, als sei seit der Zeit mir gar nichts Glückliches mehr begegnet.*«

Obwohl Annunziata und Antonio sich sehr nach einem Wiedersehen sehnten, war ihnen die Erfüllung dieses Herzenswunsches nicht möglich, da ihr Gatte stets um Annunziata war. Erst als es in Venedig zu schweren Tumulten um die Vorherrschaft in der Stadt kam, bei denen der Doge verhaftet und hingerichtet wurde, stand ihrer Zusammenkunft nichts mehr im Wege. Sich selbst in Lebensgefahr befindend, blieb den beiden Liebenden nur die Flucht in einem Boot auf das offene

Meer hinaus, wo schließlich ein Unwetter aufkam, in dem beide den Tod fanden.

Eng umschlungen und einander küssend, waren ihre letzten Worte: »O mein Antonio!« – »O meine Annunziata!«

Christoph Martin Wieland – Geschichte des Agathon

Wielands (05.09.1733–20.01.1813) Roman wird im allgemeinen dem Genre Politik zugeordnet. Dabei wird allzu leicht übersehen, dass es ebenso ein Roman über die Liebe ist. Ausführlich werden hier Agathons wahre Liebe und Seelenverbindung zu Philoclea, die im ganzen Roman *Psyche* bezeichnet wird, auf der einen Seite, und seine vorübergehende sinnliche Leidenschaft zu der Konkubine Danae auf der anderen Seite, geschildert.

Zum ersten Mal sah Agathon seine *Dualseele* Psyche auf einem Fest zu Delphi, bei dem nach alter Sitte alle Jungfrauen über vierzehn Jahre erschienen waren. Während sein Blick anfangs unter all diesen anmutigen Geschöpfen umherschweifte, blieb er doch bald auf einer einzigen heften, deren erster Anblick *meinem Herzen keinen Wunsch übrig ließ, etwas anderes zu sehen*, wie er später Danae berichtete, und dann fortsetzte: »*Vielleicht würde mancher sie unter so vielen Schönen kaum besonders wahrgenommen haben, denn viele übertrafen sie noch in einem und dem andern Stücke der Schönheit, und wenn ein Maler unter der ganzen Schar hätte entscheiden sollen, welche die Schönste sei, so würde sie vielleicht übergangen worden sein; allein mein Herz urteilte nicht nach den Regeln der Kunst. ... Sie löschte alles andre aus meinen Augen aus. ... Dieser Augenblick brachte in meiner Seele eine Veränderung hervor, welche mir, da ich in der Folge fähig wurde, über meinen Zustand zu denken, dem Übergang in eine neue und vollkommnere Art des Daseins gleich zu sein schien.«* Und Agathon erzählte bei dieser, im Roman erst an späterer Stelle abgedruckten Rückschau auf diese erste Begegnung auch von der seltsamen Reaktion, die in der Psyche vor sich gegangen war und von der er aus ihrer späteren Schilderung Kenntnis erhielt: *»Diese liebenswürdige Person hatte mich zu eben der Zeit, da ich sie erblickte, wahrgenommen; und es war etwas mit den Regungen meines Herzens Übereinstimmendes in dem ihrigen vorgegangen.«*

Durch die eifersüchtige Priesterin Pythia, die ebenfalls in Agathon verliebt war und der die zwischen Agathon und Psyche bestehende Zuneigung nicht entging, wurden die beiden Liebenden zum ersten Mal voneinander getrennt. Beiden machte diese Trennung schwer zu schaffen, und während Psyche auf Geheiß ihrer Herrin Pythia die Stadt verlassen musste, tat Agathon dasselbe freiwillig in der Hoffnung, Psyche wiederzufinden. Auf seiner Wanderung wurde er von Seeräubern gefangengenommen und an Bord eines Schiffes gebracht, wo er sich in einen Winkel zurückzog und vor Müdigkeit schnell einschlief. Als er am Morgen aufwachte, sah er einen jungen Menschen in Sklavenkleidung vor sich stehen, der ihn mit Aufmerksamkeit betrachtete. Er erwiderte diesen Blick und *ihre Seelen erkannten einander in eben demselben Augenblicke, und schienen durch ihre Blicke schon ineinander zu fließen, eh ihre Arme sich umfangen.* Psyche und Agathon hatten sich wiedergefunden und sie erzählte ihm von ihrer Hoffnung, die sie seit der Trennung von Agathon hatte: *»Ich, die sich selbst nur für einen Teil deines Wesens hielt, konnte nicht glauben, dass wir immer getrennt bleiben würden. Diese Hoffnung machte nun mein Leben aus, und bemächtigte sich meiner so sehr, dass ich wieder heiter wurde. Denn ich zweifelte nicht, ich wusste es, dass du nicht aufhören könntest, mich zu lieben.«* Doch das Schicksal in Form der Seeräuber meinte es nicht gut mit ihnen, und sie wurden ein zweites Mal voneinander getrennt.

Auf seiner einsamen Weiterreise unter Sklaven gedachte Agathon seiner erneut verlorenen Dualseele: *»Du, meine Psyche! Dich allein, von allem, was außer mir ist, nenne ich mein, weil du die wertere Hälfte meines Wesens bist.«* Über die Liebe Agathons zu Psyche im besonderen – und jene zwischen Dualseelen im allgemeinen – schreibt Wieland: *Die Zuneigung, die er zu diesem liebenswürdigen Geschöpfe trug, war eine Liebe der Sympathie, eine Harmonie der Herzen, eine geheime Verwandtschaft der Seelen, die sich denen, so sie nicht aus Erfahrung kennen, unmöglich beschreiben lässt; eine Liebe an der das Herz und der Geist mehr Anteil nimmt als die Sinne, und die vielleicht die einzige Art von Verbindung ist, welche (wofern sie allgemein sein könnte) den Sterblichen einigen Begriff von den Verbindungen und Vergnügen himmlischer Geister zu geben fähig wäre.*

In Smyrna wurde Agathon als Sklave an Hippias verkauft, mit dem er bald heftige Diskussionen über den Sinn und Zweck des Lebens, über Tugend, Schönheit,

Liebe und dergleichen Dinge hatte. In fast allen Dingen hatten beide eine gegensätzliche Meinung, denn Agathon war ein spiritueller, Hippias dagegen ein weltlicher Mensch. Doch Hippias war der Überzeugung, Agathon von seiner Gesinnung überzeugen zu können und machte ihn bald mit der Konkubine Danae bekannt, die er dazu anstachelte, bei Agathon ihre Verführungskünste anzuwenden. Es gelang Danae dann tatsächlich schnell, Agathon immer mehr von sich zu begeistern, sodass er ihr mit der Zeit immer mehr verfiel, mit Genuss in den Wonnen der Sinnlichkeit schwelgte und schließlich Psyche vergaß. Das neue Leben mit der in körperlichen Liebeskünsten bewanderten Danae bereitete ihm scheinbar mehr Freude und Erfüllung als sein früherer Kontakt mit Psyche.

Doch eines Nachts träumte er von Psyche, die ihn darin mit einem solch traurigen Blick ansah, dass ihm bei diesem Anblick Tränen über die Wangen liefen. Erstmals erkannte er in seinem tiefsten Innern, dass er in diesem Traum so viel glücklicher gewesen war als während seiner sexuellen Zusammenkünfte mit Danae. Zwar wurde er wieder rückfällig, indem er seinen Umgang mit Danae in der bisherigen Weise fortsetzte, doch blieb er fortan im Innern unbefriedigt und schwermütig, da er sich immer wieder an Psyche und die Tugend erinnerte. Er fing nunmehr an, Danae von seiner Liebe zu Psyche zu erzählen (ein Teil dieser Erzählung wurde zu Beginn dieser Abhandlung bereits vorweggenommen) und berichtete, wie viel Vergnügen er und Psyche bei der Vorstellung von einer *natürlichen* Verschwisterung ihrer Seelen gefunden hatten.

Schließlich wurde Agathon immer mehr bewusst, welch ein Unterschied in der Liebe einer Psyche und einer Danae (die Namen stehen hier stellvertretend für die *Art* der Liebe, die er von beiden empfangen hatte) besteht. So kam er zu dem Ergebnis, dass er Danae verlassen musste, um wieder zu seiner eigentlichen und höheren Natur zurückzukehren.

Gegen Ende dieses Romans beschreibt Wieland das überraschende Wiederfinden der beiden Liebenden: Bei seinem Aufenthalt in der Republik Tarent traf Agathon seinen Vater wieder, den er lange nicht gesehen hatte und lernte auch endlich seine Geschwister kennen. Unter ihnen war auch jene Schwester, die er einst für tot gehalten hatte. Es war Psyche, die also mit ihm nicht nur seelisch, sondern (in dieser Inkarnation) auch körperlich verwandt war. Eine Dualseelenverbindung zwischen Bruder und Schwester haben wir ja bereits in einer indischen Geschichte kennen gelernt, die in *Dualseelen* auf den Seiten 128 ff. vorgestellt wurde. Da Agathon eine seelische Liebe zu Psyche empfand, war er nicht – wie man annehmen könnte – enttäuscht darüber, dass sie seine körperliche Schwester war, sondern erfüllt von Freude.

Dante Alighieri – Die göttliche Komödie

Bevor ich auf dieses klassische Werk eingehen werde, wollen wir uns kurz den historischen Hintergrund hierzu betrachten:

Obwohl Dante (1265–1321) die gleichaltrige Beatrice Portinari (1265–1290) niemals näher kennen gelernt hat und es nur bei sehr wenigen flüchtigen Begegnungen blieb, in denen beide nicht einmal ein Wort miteinander gewechselt haben, nahm sie all seine Sinne gefangen.

Über ihre beiden ersten flüchtigen Begegnungen schreibt Dantes Biograph Theophil Spoerri: »Das größte Ereignis seiner Jugend war die Begegnung mit Beatrice. Als Neunjähriger sah er ein Mädchen in den Straßen von Florenz, dessen Anmut und Adel ihn aufs tiefste erschütterte. Als er achtzehnjährig war, kam es zu einer neuen, bedeutsamen Begegnung. Ein Gedicht hatte ihn in diesen Tagen bekannt gemacht, und als Beatrice von zwei edlen Frauen begleitet auf der Straße an ihm vorbeikam, gab sie ihm durch ihren Gruß ihre Huld zu erkennen. Dass die vornehme Beatrice Portinari einen jungen Mann aus gutem Geschlecht, aber nicht besonders beachtlichen Verhältnissen öffentlich grüßte, war ein Stadtereignis.« (1)

Den Gruß, den der achtzehnjährige Dante von Beatrice bekam, erwiderte er jedoch nicht. Zudem bändelte er zu jener Zeit mit vielen Mädchen an. Das alles brachte ihn ins öffentliche Gerede. Hierzu führt Spoerri weiter aus: »Vergeblich versuchte er, die Huld Beatrices wiederzugewinnen. Die ganze Stadt schaute zu, wie Dante durch sein wehleidiges Gebaren die hohe Frau umzustimmen versuchte. Dass sie im Jahr 1290 als Fünfundzwanzigjährige starb, machte der Geschichte ein jähes Ende.« (2)

In offensichtlicher Reue über seine anderen Liebesaffären und in dem Gedanken, dass Beatrice die einzig wahre und ihn selig machende Liebe ist, mit der er sich (wieder) zu vereinigen hat, baut er sein Hauptwerk auf, die im nachfolgenden Text beschriebene *Göttliche Komödie*. Hier macht Dante die von ihm abgöttisch geliebte Beatrice zu seiner himmlischen Führerin, die ihn zunächst mit seinen Liebschaften aus der Vergangenheit konfrontiert und ihn dann allmählich in immer höhere Sphären führt.

Im dreißigsten Gesang des *Fegefeuer* (Mittelteil dieser Erzählung) erscheint dem Dante die verschleierte Beatrice, die er zunächst zwar nicht erkennt (»*... erschien mir eine Frau ...*« XXX, 32), doch instinktiv fühlt: *War doch mein Lebensgeist so lange schon nicht mehr von ihrer Gegenwart erfasst, nicht staunend mehr von ihr durchschüttert worden – doch ohne dass er sehend sie erkannte, nur durch geheime Kraft, die von ihr ausging, verspürte er alter Liebe Urgewalt.* (XXX, 34–39) Sie blickt vom anderen Ufer auf ihn, ohne ihren Schleier zu lüften, und maßregelt ihn, in königlicher Art gebietend (XXX, 55–71): »*Schau mich nur an, ich bin's, bin Beatrice.*« (73) Dante wendet sich mit Schamgefühl ab. (76–78) Anschließend maßregelt sie ihn indirekt wegen seiner Untreue und Hinwendung an andere Frauen nach ihrem Ableben, indem sie in seiner Gegenwart zu einer dritten Person – zu Gott oder zu den Engeln – spricht: »*Noch hielt ich anfangs ihn durch meinen Blick aus jungen Augen und bestärkte ihn auf rechtem Pfad, zum Ziele mir zu folgen. Kaum dass ich aus der Jugendzeit hinüber und in das andre Leben trat, verließ er mich und gab sich anderen zu Diensten. Vom Fleisch zum Geiste war ich aufgestiegen, an Schönheit und an Lebenskraft gewachsen, doch ihm jetzt minder lieb und weniger wert. Auf trügerische Wege kam er da, ging falschen*

Bildern eines nie erfüllten, zur Lockung nur versprochenen Glückes nach. Umsonst, dass ich Erleuchtung ihm erflehte, sie ihm durch Träume oder sonst wie schickte, zur Umkehr mahnend, doch er achtet's kaum. Und fiel so tief, dass alle Warnungen zu seiner Rettung unzulänglich waren, und die Verdammten man ihm zeigen musste.« (121–138)

Und sie konfrontiert ihn im weiteren Verlauf mit der strengen Frage, was er an anderen Frauen fand, das er nicht von ihr hätte bekommen können: *»In dem von mir beschwingten Streben, das liebend dich zum guten Ziele trieb – und höheren Wunsch als dieses gibt es nicht – was hast du da für Gräben, Ketten, Sperren begegnet, dass du so der Hoffnung dich entschlagen musstest, weiter vorzudringen? und was für Freundlichkeiten, was für Gunst erblicktest du auf andern Gesichtern, dass du an sie dich herzumachen brauchtest?«* (XXI, 22–30) Traurig und beschämt muss er bekennen: *»Trügerische Lust am Gegenwärtigen verführte mich, sobald ich euer Antlitz nicht mehr sah.«* (34–36) Im weiteren Wortgefecht setzt Beatrice sich gnadenlos mit seiner Sinnlichkeit nach fleischlichen Gelüsten auseinander: *»Damit dir aber fortan die Beschämung auch nütze, und auf dass du stärker werdest, ... so ... merk auf. Verstehe, wie der Hingang meines Leibes dich in die andere Richtung treiben musste. Nichts Lieblicheres hat Natur und Kunst dir je geboten, als die Wohlgestalt, die staubzerfallene, in der ich wohnte.«* (43–51) Dabei hätte es durchaus eine andere Möglichkeit gegeben: *»Wohl hättest du, gleich nach dem ersten Pfeil der falschen Welt, empor dich schwingen müssen, mir folgend, die nicht mehr dazu gehörte, und nicht den hohen Flug dir lahmen lassen durch Mädchen oder anderen flüchtigen Tand, nicht warten, bis dich neue Schläge* *trafen.«* (55–60) Da packt den Erzähler immer mehr die Reue in Bezug auf sein eigenes Tun in der Vergangenheit, denn in dieser Situation erscheinen ihm all seine Vergehen noch negativer, während Beatrice in einem immer schöneren Licht erstrahlt: *»Selbst unterm Schleier und am Ufer drüben erschien sie mir noch schöner als dereinst, da sie leibhaftig alle überstrahlte. Wie Nesseln brannte mich die Reue jetzt, und alles, was mich einst gefangen hielt, je mehr ich's liebte, hasste ich es nun.«* (82–87) Diese Erkenntnis lässt ihn Beatrice gegenüber völlig ergeben werden und so lenkt er Geist und Auge dorthin, wo sie es haben will. (106–108).

Im dritten und letzten Teil der Trilogie der *Göttlichen Komödie*, dem *Paradies*, wird Dante *eins* mit Beatrice: *»In ihrem Bilde ging mein Wesen unter.«* (I, 67). In ihrer weiteren Belehrung erklärt Beatrice, dass die Kreatur von falscher Lust (Sinnlichkeit) zum Irdischen hinabgezogen wird (I, 133), doch weist sie ihn gleichzeitig auch darauf hin, dass es ein Wunder wäre, wenn er, da er jetzt frei von Schlachten war, unten in dem flammenden Feuer bliebe, und wandte ihren Blick zum Himmel (1,139–142).

Über die Verschmelzung zweier Dualseelen zu einem echten Gegenüberwesen (einer echten Einheit) schreibt Dante: *»Mir war, als ob uns eine helle Wolke, die dicht und fest und lauter war, umhüllte, klar wie ein sonnenbestrahlter Diamant. Und diese ewige Perle nahm in sich uns auf, so wie das Wasser einen Lichtstrahl hereinlässt, aber ungeteilt verweilt. War ich als Körper dort, und ist es hier nicht denkbar, dass zwei Körper sich vertragen im selben Raum* (vergleiche hierzu *Dualseelen*, S. 139 f), *und wäre* *dort doch nötig – oh, wie viel heißer müssten wir dann wünschen, die Wesenheit (Jesus) zu schauen, in der es sich zeigt, wie unsere Natur sich mit Gott vereint.«* (II, 31–42)

In den letzten Zeilen des siebten Gesangs heißt es dann: »*Und wenn du dies bedenkst, kannst du erschließen die Auferstehung eures Leibes: er wird beschaffen sein wie einst das Menschenfleisch, in dem das erste Paar erschaffen wurde.«*

Insbesondere im Hinblick auf die indirekte Bezugnahme dieser Worte mit Gesang II, 31 ff. spricht Dante hier wohl offensichtlich von der Wiedervereinigung der Duale, die auf die gleiche Weise vonstattengeht wie die früher erfolgte Trennung der Geschlechter – als echtes Gegenüberwesen im Geiste.

Unter Bezugnahme auf die im ersten Gesang des *Paradiso* erwähnten weltlichen Verstrickungen schreibt Dante zu Beginn des elften Gesangs, seine Befreiung von denselben seiner Vereinigung mit und der hilfreichen Führung von Beatrice zurechnend: »*Unsinnige Verstrickung irdischer Sorgen, wie mangelhaft eure Gedankenkünste, dass ihr die Flügel kaum vom Boden hebt! In Rechtsgeschäfte, in Gesundheitslehre, in Pfründenwesen, in Regierungssachen verfangen mit Gewalt und Klügelei, in Hinterziehungen, Verhandlungen beschäftigt, oder in des Fleisches Lust ermattet, oder müßig, der und jener – indessen, losgelöst von all dem Zeug, mit Beatricen ich in Himmelshöhen so strahlend herrlich aufgenommen war!«* (XI, 1–12)

Längst ist Dante in der Zwischenzeit bewusst geworden, dass alle irdischen Freuden – wozu all seine flüchtigen Liebschaften gehören – vergänglich sind und nur seine Liebe zu Beatrice von ewiger Dauer ist: »*Mit Recht versinkt in Trauer ohne Ende, wer für die Liebe zum Vergänglichen auf ewig echte Liebe von sich tut.*« (XV, 10–12) Nach Läuterung seines zuvor noch unreinen Geistes bleibt sein Herz bei ihrem Anblick nunmehr frei von jedem anderen Begehren. (XVIII, 14 f.) In dem gleichen Sinne heißt es in den Versen XXI, 1–3: »*Schon hingen meine Blicke und mein Sinn am Angesichte meiner Herrin wieder, und allem anderen war ich abgewandt.*«

Beatrice erklärt Dante, dass er dem letzten Heil nun schon sehr nahe ist, aber vor der nächsten Erhebung seine Augen in Klarheit und in Schärfe stärken muss. Deshalb fordert sie ihn auf, noch einmal hinabzublikken, um aus eigener Erfahrung feststellen zu können, wie viele Welten er mit ihr schon überflogen hat. (XXII, 124–129)

Durch die infolge Belehrung der Beatrice gewonnene Erkenntnis über das wahre Sein der Welt, wird Dante gegen Ende dieser Erzählung aus dem Meer der falschen Liebe an den Strand der richtigen gebracht. (XXVI, 58–63) Beatrice führt ihn schließlich hinauf in den neunten Himmel und Dante ist hier über alle Maße entzückt (XXVII, 88–96):

»Mein Geist, zu liebevoller Huldigung
an meine Herrin stets bereit, entbrannte
wie nie zuvor nach ihrem Anblick wieder.
Was je Natur und Kunst an Augenweide
im Fleische und im Bild bereitet haben,
um durch den Anblick unseren Geist zu fangen,
wenn man's zusammen nähme, wär's ein Nichts

gegen die Himmelslust, die mir erglänzte,
als ich zu ihrem Frohgesicht mich wandte.«

Im dreißigsten Gesang schildert Dante seine Liebe zu Beatrice, die ihm zwar erst durch die zuvor erfolgte Läuterung wirklich bewusst wurde (*so nach und nach erlosch es meinen Augen. Die sahen nun nichts mehr, und bezwungen von der Liebe, kehrten sie zu Beatrice. Wenn alles bisher über sie Gesagte vereinigt würde in ein einziges Lob, so wäre es doch für dieses Mal zu wenig*; 13–18), jedoch die ganze Zeit über ununterbrochen fortbestanden hat. (*Vom ersten Tag, da ich ihr Antlitz sah auf Erden, bis zu diesem Himmelsblick, hat mein Gesang sich nie von ihr getrennt*; 28–30).

Im weiteren Textverlauf schildert Dante seine Erlösung – den Einzug ins Nirvana:

»*Wir sind der größten Sphäre entstiegen, sind im Himmel reinen Lichtes. Es ist ein geistig Licht und voller Liebe, Liebe des wahren Gutes, voller Freude, und Freude ist über alle Wonnen …*« (XXX, 38–42) Dort umbrandet ihn ein Licht und hüllt ihn ein in einen Vorhang von Feuer, sodass ihm gar nichts mehr erscheint. (XXX, 49–51) Doch allmählich klärt sich sein Gesicht *und arbeitet den Strahlen sich entgegen zum hohen Licht, dem Wahren in sich selbst.* (XXXIII, 52–54)

Gérard de Nerval – Aurelia

Mittelpunkt dieser Novelle ist die Liebe des Ich-Erzählers zu einer Frau, deren richtigen Namen er nicht preisgeben will *(Eine Frau, die ich lange geliebt hatte – ich will sie Aurelia nennen – galt mir als verloren)* und die Vermischung von Traum- und Tagesleben (*Der Traum ist ein zweites Leben*, heißt es gleich im ersten Satz der Novelle; wenige Seiten später schreibt der Autor vom *Überströmen des Traumes in das wirkliche Leben*).

Wir finden in *Aurelia* viele Parallelen zu Dantes zuvor behandelter *Göttlichen Komödie*, auf die de Nerval (eigentlich Gérard Labrunie, 1808–1855) zu Beginn seiner Novelle – im Namen seines Ich-Erzählers – Bezug nimmt: *Der »Goldene Esel« des Apuleius und Dantes »Göttliche Komödie« sind die dichterischen Vorbilder zu diesen Studien über die menschliche Seele. Nach ihrem Beispiel will ich versuchen, die Eindrücke aus einer langen Krankheit zu übersetzen, die sich ganz im Geheimen meines Geistes ereignete; – ich weiß nicht, warum ich das Wort Krankheit gebrauche, da ich mich doch nie, was mein Innerstes angeht, gesunder gefühlt habe.*

Die Parallelen zu Dantes *Göttlicher Komödie* sind vielseitig: Der Novelle über die unerfüllte Liebe mit dieser Frau, die unter dem Pseudonym Aurelia erscheint, liegt allem Anschein nach die im Leben des Autors erfahrene unglückliche Liebe zu der gleichaltrigen Schauspielerin Marguerite, genannt Jenny, Colon (1808–1842) zugrunde. Von besonderem Hinweis ist in diesem Zusammenhang des weiteren die Tatsache, dass de Nerval zu Beginn seiner Novelle dem Ich-Erzähler die folgenden Worte in den Mund legt: *»Welch ein Wahn«, sagte ich mir, »eine Frau mit so platonischer Liebe zu lieben, die mich selbst nicht mehr liebt! Daran sind die Bücher schuld, die ich gelesen: ich habe die Erfindungen der Dichter zu ernst genommen und aus einem gewöhnlichen Geschöpf unseres Jahrhunderts eine Laura oder Beatrice geschaffen ...«* (Hinweis: die hier erwähnte *Laura* ist Laura Noves, die von Petrarca verehrte Frau).

Als der Ich-Erzähler der geliebten Aurelia eines Tages in einer Gesellschaft wieder begegnete, *fügte es sich, dass ich sie ... auf mich zukommen und mir die Hand reichen sah. Wie sollte ich ihr Benehmen deuten, den tiefen, traurigen Blick, mit dem sie mich grüßte? Ich glaubte, Vergebung für das Vergangene darin zu lesen* (welcher Art sein Vergehen war, für das er sich mit Schuld beladen hatte und nun Vergebung ersehnte, wird in diesem Zusammenhang allerdings nicht offengelegt. Die Tatsache allerdings, dass er sich gegenüber der von ihm geliebten Frau überhaupt mit einer Schuld beladen hatte, erinnert uns jedenfalls einmal mehr an Dantes *Göttliche Komödie* und ist möglicherweise von dort entlehnt. So liegt die Vermutung nahe, dass auch das Vergehen ähnlicher oder gleicher Natur war, für das er nun Vergebung erhoffte); *der göttliche Klang des Mitleids verlieh den einfachen Worten, die sie an mich richtete, einen unsagbaren Wert, als mischte sich etwas von Religion in diese bis dahin noch ungeweihte Liebe und drückte ihr den Stempel der Ewigkeit auf.*

Wie Beatrice vor Dante stirbt, so auch Aurelia vor dem Ich-Erzähler. Auch sie wird für ihn nach ihrem Ableben zum fürbittenden Engel. Bevor sie starb, wurde dem Ich-Erzähler ihr naher Tod bereits durch einen Traum angekündigt.

Nach ihrem Tode nahm er an, dass ihm selbst nur noch eine kurze Frist zum Leben beschieden sei (die Erinnerung an Novalis liegt nahe) und er *hatte nunmehr Gewissheit über das Bestehen einer Welt, in der die liebenden Herzen einander wiederfinden*. Aurelias Gestalt, *unter den Zügen einer Gottheit, so wie sie mir im Traum erschienen war*, beherrschte von nun an all seine Gedanken. Er bedauerte, dass er bei einem erlittenen Sturz aus einiger Höhe nicht ums Leben gekommen war, weil es so (noch) nicht möglich war, dass der Tod ihn mit ihr vereinigt hätte. Doch je länger er hierüber nachdachte, desto mehr empfand er sich einer Vereinigung mit Aurelia als unwürdig, weil er *in leichtsinnigen Liebeleien ihr Andenken geschändet hatte* (auch diese Formulierung erinnert an Dantes *Göttliche Komödie* und ist möglicherweise Gegenstand der zuvor erwähnten Schuld, mit der der Ich-Erzähler sich beladen hatte). In diesen Glauben, einer Vereinigung mit Aurelia unwürdig zu sein, steigerte er sich in der Folgezeit noch weiter hinein, wie sein wehleidiges Klagen deutlich macht: *»Der auserwählte Bräutigam, der König der Herrlichkeit, er ist es, der mich richtet und verurteilt und der mir auf ewig jene andere in seinen Himmel entrückt hat, die er mir zugedacht hat und derer ich fortan unwürdig bin!«*

Doch Hoffnung ist in ihn zurückgekehrt, als er für sich zwar zunächst zu der Feststellung gekommen war, dass er seine Liebe herausgefordert habe, indem er anstelle Gottes Aurelia angebetet habe (*Ich habe das Geschöpf dem Schöpfer vorgezogen*), doch anschließend das

Vertrauen hegt, dass Gott ihm sicher noch verzeihen und ihn mit Aurelia vereinigen würde, wenn er sich vor Gott entsprechend demütigte.

Und endlich träumte er wieder von ihr. Als er in diesem Traum einen Blick in einen Spiegel warf, glaubte er, darin Aurelia zu erkennen. Und im nächsten Augenblick stand sie wahrhaftig neben ihm und sprach: *»Später werden wir einander wiedersehen.«* So schön es für ihn war, diese Worte zu hören, erinnerte er sich doch sogleich an den Fluch, der ihn von Aurelia trennte. Deshalb wollte er sich noch einmal vergewissern, ob sie ihm wirklich vergeben habe, als sie plötzlich wieder verschwunden war und er unsichtbare Stimmen vernahm, die ihm verkündeten, dass Aurelia nun für ihn endgültig verloren sei.

Nach langem Irr- und Leidensweg wurde er aber doch noch auf den richtigen Weg geführt. Wieder begegnete er ihr in einem Traum, und diesmal konnte sie ihm freudig mitteilen: *»Die Prüfung, die dir auferlegt war, ist nunmehr zu Ende.«* Hierzu bedurfte es zuvor, sich von den Fesseln der alten Wahngedanken zu befreien, die seinen Sinn gefangen nahmen, wie Aurelia ihn in ihrer weiteren Erläuterung wissen ließ: *»Es bedurfte, um deine Bitte vor ihr Angesicht* (gemeint ist die *Heilige Jungfrau) zu tragen, einer Seele voll Einfalt und gelöst von den irdischen Banden. Eine solche hat sich denn in deiner Nähe gefunden, und so durfte ich selber kommen und dir Mut zusprechen.«* Mit einem tiefen Glücksgefühl erwachte er aus jenem Traum und schrieb freudig diese Worte an die Wand: *Du hast mich heute Nacht besucht.* Freudetrunken resümierte er: *Ein süßer Traum liegt hinter mir: ich habe sie* *wiedergesehen, die ich geliebt habe; verklärt und strahlend. Der Himmel hat sich aufgetan in seiner vollen Pracht.«*

Am Ende dieser Novelle schildert de Nerval noch einmal die eingangs bereits erwähnte Verbindung zwischen Traum- und Wachbewusstsein: *Nach einer Betäubung von kurzer Dauer beginnt ein neues Leben, das den Gesetzen von Raum und Zeit nicht unterworfen ist und zweifellos jenem gleicht, das nach dem Tode unserer harrt. Wer weiß, ob zwischen diesen beiden Daseinsformen nicht Bande bestehen, und ob die Seele nicht vermag, sie jetzt schon zu knüpfen.* Letzteres wird ja auch von einigen Philosophen angenommen, von den indischen Upanishaden bestätigt und ist auf wunderbare Weise sowohl in Du Mauriers *Peter Ibbetson* (vgl. *Dualseelen*, S. 115 ff.) als auch in Kleists *Käthchen von Heilbronn* geschildert.

Ergänzend hierzu sei noch erwähnt, dass der Autor die letzten Seiten seiner Novelle *Aurelia* bei sich trug, als er sich in der Nacht zum 26.01.1855 erhängte. Bei Gérard de Nerval zeigten sich bereits Anfang 1841 erste Anzeichen einer Nervenkrankheit, die sich zu Beginn der fünfziger Jahre noch verstärkten. In den letzten Monaten seines Lebens soll er oft durch die Straßen von Paris geirrt sein.

Emily Brontë – Sturmhöhe

Auch in dem Welterfolg *Sturmhöhe* (1847), dem einzigen Roman von Emily Brontë (20.08.1818–19.12.1848), ist der Dualseelengedanke zu finden. Zum Ruhm dieses Romans hat später auch sicher der Filmklassiker *Stürmische*

Höhen aus dem Jahr 1939 (mit Merle Oberon als Catherine Earnshaw und Laurence Olivier als Heathcliff) beigetragen. Auch Cliff Richard ist von diesem Werk so beeindruckt, dass er sich dazu entschloss, diesen Roman in einem Musical (*Heathcliff*) neu darzustellen.

Wuthering Heights, wie der Originaltitel dieses Romans lautet, weist bedeutsame Parallelen sowohl zu Dantes *Göttlicher Komödie* als auch zu den ersten beiden in Kapitel 6 von *Dualseelen* behandelten Geschichten auf. In allen vier Fällen finden die Duale auf Erden nicht zueinander; schließlich stirbt die Frau zuerst und bleibt nach ihrem Ableben dennoch mit ihrem Geliebten in Verbindung. Es ist bemerkenswert, wie oft in Erzählungen dieser Art die »füreinander bestimmten« Seelen auf Erden nicht zusammenfinden, gleichzeitig aber in ihren Herzen davon überzeugt sind, dass sie nach beiderseitigem Ableben miteinander vereint sein werden (vgl. hierzu die zum Abschluss des fünften Kapitels in *Dualseelen* aufgeführte Erläuterung zu den Versen Lk 16,19 ff.), weshalb es kein Wunder ist, dass der Tod oft sogar herbeigesehnt wird. Diese Hoffnung ist beispielsweise auch in Goethes *Leiden des jungen Werther* zu finden. Hier lässt Goethe den Werther kurz vor seinem Selbstmord einen Brief mit dem folgenden Inhalt an seine anderweitig verheiratete Geliebte schreiben: *»Du bist mein! ja, Lotte, auf ewig. ... Du bist von diesem Augenblick mein! mein, o Lotte! Ich gehe voran! gehe zu meinem Vater, zu deinem Vater. Dem will ich's klagen, und er wird mich trösten, bis du kommst, und ich fliege dir entgegen und fasse dich und bleibe bei dir vor dem Angesichte des Unendlichen in ewigen Umarmungen.«* Der Inhalt von *Sturmhöhe* soll hier nur hinsichtlich der Dualseelenaspekte kurz umrissen werden:

Seit ihrer Kindheit verbindet Catherine und Heathcliff eine innige Liebe miteinander. Catherine hegt diese tiefe Zuneigung zu Heathcliff, »*weil*«, wie sie selbst sagt, »*er mehr ich selbst ist, als ich es bin. Aus welchem Stoff auch unsere Seelen gemacht sind, die seine und die meine sind gleich.*« Und schließlich kommt sie zu der Feststellung: »*Ich bin Heathcliff. Immer liegt er mir im Sinn, ... als mein eigenstes Sein.*«

Trotz ihrer unveränderten Zuneigung zu Heathcliff nimmt sie als junge Frau den Heiratsantrag des vermögenden Edgar Linton an, obwohl sie in ihrer Seele und ihrem Herzen weiß, dass sie dadurch unrecht tut. Ihre Motivation, Linton zu heiraten, liegt allein in der Tatsache begründet, dass sie und Heathcliff zusammen bettelarm wären, während sie andererseits glaubt, durch die Heirat Lintons auch Heathcliff emporhelfen zu können. Doch Heathcliff wirft ihr vor, durch diese Heirat beider Herzen gebrochen zu haben.

Als Catherine den Tod vor Augen hat, schwört sie, dass sie nicht ruhen werde, bis Heathcliff bei ihr ist; denn es ist ihre Sehnsucht, niemals von Heathcliff getrennt zu werden. Heathcliff empfindet ebenso, denn als er die Nachricht von ihrem Tod vernimmt, fleht er verzweifelt: »*Catherine Earnshaw, mögest du die Ruhe nicht finden, solange ich lebe! ... Sei immer bei mir – nimm jede Form an, die du willst. ... Ich kann nicht ohne mein Leben leben! Ich kann nicht leben ohne meine Seele!*«

Die tiefe Sehnsucht der beiden Liebenden, sich niemals mehr zu trennen, ist der Grund dafür, dass Catherine ihn seit ihrem Tod unablässig und unbarmherzig verfolgt. Allmählich steht Heathcliff immer mehr in ihrem Schatten. Ihre Gegenwart weckt in ihm die Sehnsucht, sich mit ihr aufzulösen und dadurch noch glücklicher zu sein. Er hat nur den einen Wunsch, wieder mit Catherine vereint zu werden.

In den Nächten vor seinem Tode murmelt er Worte, in denen von leidenschaftlicher Liebe und tiefem Schmerz, in Zusammenhang mit Catherines Namen, die Rede ist. Diese Worte spricht er aus, als richten sie sich an eine lebende Person – wie aus der Tiefe seiner Seele emporgerungen. Als man den Verstorbenen findet, liegt er auf dem Rücken und seine Augen und Lippen scheinen zu lächeln.

Nach seinem Tod schwören die Leute, dass er »umgeht« – ein alter Mann behauptet, zwei Gestalten in jeder Regennacht seit Heathcliffs Ableben aus einem Fenster blicken zu sehen.

Henry Wadsworth Longfellow – Evangeline

Diese im selben Jahr wie *Wuthering Heights* publizierte Erzählung Longfellows (27.02.1807–24.03.1882; ein zu seiner Zeit in den USA sehr berühmter Schriftsteller und Dichter) schildert die tiefe Liebe von Evangeline Bellefontaine und Gabriel Lajeunesse.

Bedingt durch die enge Freundschaft ihrer Väter, wuchsen beide seit ihrer frühesten Kindheit wie Bruder und Schwester zusammen auf und entdeckten im jugendlichen Alter die Liebe füreinander. Doch die ihre

Seelen erfüllende Zeit zusammen sollte nur von kurzer Dauer sein – und obwohl anfangs noch nichts auf das tragische Schicksal hinwies, das ihnen bevorstand, überfiel die glückliche Evangeline doch manchmal ein Gefühl der Traurigkeit; so als ob sie böse Vorahnungen der sich anbahnenden Katastrophe gehabt hätte – denn schon bald fiel eine fremde Besatzungsmacht in ihr Heimatland ein, die die Einheimischen aus der ihnen vertrauten Umgebung vertrieb und sie zwangsweise in andere, weit verstreute Gebiete umsiedelte.

Auf diese Weise verloren sich die beiden Liebenden aus den Augen, ohne sich jedoch aus den Herzen zu verlieren. Schwer unter dieser Trennung leidend, suchten beide unablässig einander. Dabei meinte es das Schicksal jedoch nicht gut mit ihnen, denn Gabriel war ihr räumlich immer ein wenig voraus und die seiner Spur folgende Evangeline reiste stets hinter ihm her, ohne ihn jedoch jemals erreichen zu können.

Nach ihrer Trennung war Gabriel ein sehr schweigsamer Mensch geworden, der – wenn er doch einmal in ein Gespräch mit einem anderen Menschen verwickelt war – nur von Evangeline und seinem Liebeskummer redete.

Evangeline ihrerseits ertrug tapfer ihren Schmerz und zog – stets von einem inneren Fieber und einem unruhigen Verlangen getrieben – nach ihrem Geliebten suchend, durch weite Teile des Landes.

Als Evangeline einmal mit den sie begleitenden Reisenden tagelang flussabwärts fuhr, zeigte sich das Schicksal besonders unerbittlich: Während sie am Flussufer eine Ruhepause einlegten und sich schlafen legten, fuhr auf dem Fluss ein Ruderboot vorbei, auf dem sich unter anderem auch Gabriel befand. Doch in jenem Augenblick empfing die schlafende Evangeline eine Vision, die ihr Herz mit Liebe füllte und ihre Seele mit dem Licht der Seligkeit der himmlischen Sphären erleuchtete. Unmittelbar nach dem Aufwachen, das kurz nach dieser Vision erfolgte und nachdem das Boot mit Gabriel bereits außer Sichtweite war, vertraute sie dem die Reisenden führenden Priester an: »Etwas in meinem Herzen sagt mir, dass Gabriel irgendwo in der Nähe sein muss. Ist es nur ein dummer Traum oder kam vielleicht gar ein Engel vorbei, der mir die Wahrheit geoffenbart hat?« Und der verständnisvolle Priester antwortete ihr mit einem gütigen Lächeln: »Hab' Vertrauen zu deinem Herzen und in das, was im allgemeinen Illusion genannt wird. Das Gefühl ist tief und still. Gabriel ist dir bestimmt sehr nah.«

In den nächsten Tagen noch deutlich seine Gegenwart spürend, lief Evangeline bekümmert umher und weinte: »O Gabriel! O mein Geliebter! Bist du mir nah und ich kann dich nicht sehen? Bist du mir nah und deine Stimme kann mich nicht erreichen?«

Schön und jung war sie, als sie hoffnungsvoll die lange Reise angetreten hatte. Erschöpft und alt war sie, als dieselbe erfolglos endete. Mit jedem vergangenen Jahr hatte sie etwas von ihrer Schönheit eingebüßt und war gleichzeitig der ihre Seele überkommende Schatten ein wenig größer geworden.

Am Ende ihrer Lebensreise kam Evangeline in die Stadt Penn, in der sie sich sofort auf eine unerklärliche Weise wohlfühlte. Obwohl sie hier endlich eine Heimat fand und die Suche nach Gabriel nicht länger fortsetzte, war er nicht vergessen. Sie trug sein Bild in ihrem Herzen, wie sie ihn zuletzt gesehen hatte, denn in ihren Gedanken fand die nicht wirklich existierende Zeit keinen Zugang. Die vielen vergangenen Jahre hatten über ihre Gedanken an Gabriel keine Macht, und so erschien er ihr zwar nicht verändert, aber doch umgestaltet. In ihrem Herz war Gabriel wie jemand, der tot und doch nicht abwesend ist.

Evangeline lebte in dieser Stadt jahrelang als eine *Schwester der Gnade* und kümmerte sich aufopfernd um die Schwerkranken und Todgeweihten, nachdem eine Seuche über die Stadt gekommen war. Als sie sich bei Verrichtung dieser Tätigkeit eines Tages in einem mit vielen Kranken belegten Armenhaus aufhielt, entwich ihren Lippen plötzlich ein qualvoller Schrei, der die Sterbenden von ihren Kissen hochfahren ließ. Auf der vor ihr liegenden Matratze lag, regungs- und bewusstlos, ein alter Mann, der für einen Augenblick die Konturen seiner früheren Männlichkeit anzunehmen schien. Durch den grellen Schrei aus seiner tiefsten Besinnungslosigkeit geweckt, aber immer noch vor sich hinschlummernd, vernahm der alte Mann durch eine zärtlich flüsternde Stimme die Worte: »Gabriel! O mein Geliebter!«

Und sich noch immer in einer Art Schlafzustand befindend, erblickte er in einem Traum noch einmal die Stätte seiner Kindheit und Jugendzeit, während gleichzeitig Evangeline in seiner Vision aufstieg und ihm Tränen der Rührung in die Augen traten. Langsam öffnete er seine Augenlider, was zur Folge hatte, dass seine Vision verschwand und er statt dessen die an seinem Bett kniende Evangeline wahrnahm. Vergeblich versuchte er, ihren Namen zu flüstern und sich aufzurichten, während Evangeline zärtlich seine Lippen küsste und seinen Kopf behutsam auf ihren Schoss legte. Dort fand Gabriel wenige Minuten später den Tod.

Nun war alles beendet – die Hoffnung, die Angst, die Sorge, das ganze Herzeleid, das ruhelose, unbefriedigte Verlangen, der dumpfe und tiefe Schmerz, sowie der stets geduldig ertragene Kummer! Und während Evangeline noch einmal den leblosen Kopf ihres Geliebten auf ihren Schoss drückte, beugte sie sich sanftmütig über ihn und murmelte: »Vater, ich danke dir!«

Mittlerweile schlafen die beiden Liebenden Seite an Seite in ihren namenlosen Gräbern.

Weitere Dualseelenaspekte

Auch der französische Philosoph Jean-Jacques Rousseau (28.06.1712–02.07.1778) behandelte das Thema der *Dualseelen*. In seinem Briefroman *Julie oder die neue Heloise* lässt er den Liebhaber einen Brief (erster Teil, 26. Brief) an seine Geliebte Julie schreiben, in dem es unter anderem heißt: *Erkennen Sie es endlich, meine Julie: Des Himmels ewiger Beschluss bestimmte uns füreinander.«* Und in demselben Brief heißt es weiter: »*Komm, o meine Seele, komm in Deines Freundes Arme, die zwei Hälften unseres Wesens zu vereinen!*

Einen sehr eindrucksvollen Hinweis auf die ewige Verbindung zweier Dualsselen finden wir auch in einer alten Geschichte aus dem arabischen Raum, die die Liebe zwischen Qais Ibn-Darih und Lubna beschreibt: Qais, vor Liebeskummer infolge Trennung von seiner geliebten Frau Lubna krank, wurde von einem Arzt aufgesucht. Auf die Frage des Arztes, der wissen wollte, wie lange er diese Krankheit schon habe und seit wann er in diese Frau verliebt sei, antwortete Qais:

»Mein Geist war eins mit ihrem Geist,
bevor uns der Herr berief
Und als ich noch im Mutterleib und in der Wiege schlief.
Des Geistes Einheit wuchs mit uns, hat täglich sich gemehrt.
Und auch im Tode wird der Bund des Geistes nicht zerstört.
Nein, was auch je geschehen mag,
er trotzt des Schicksals Macht.
Er lebt mit uns noch in der Gruft und in des Grabes Nacht.«

6. Berühmte Seelenpaare

Zu Beginn dieses Kapitels möchte ich darauf hinweisen, dass ich grundsätzlich Spekulationen darüber ablehne, welche Personen Dualseelen sein könnten. Aus diesem Grunde habe ich diesem Kapitel bewusst die Überschrift *Berühmte Seelenpaare* gegeben, weil hierunter alle drei Arten der Seelenpartnerschaft – mit der Dualseele, mit einem karmischen Seelengefährten oder irgendeinem anderen Seelenpartner, wie im zweiten Kapitel beschrieben – zu verstehen sind. Diese drei Arten von Seelenpartnern können aus den unterschiedlichsten Gründen *der vorherbestimmte Partner* für die gegenwärtige Inkarnation sein.

Einige, und vielleicht nicht wenige, der hier vorgestellten Seelenpaare werden tatsächlich Dualseelen gewesen sein, doch werde ich mich mit diesbezüglichen Spekulationen zurückhalten, weil die Gefahr eines Irrtums einfach zu groß ist. Man vergleiche hierzu unter anderem die Aussage von Bo Yin Ra (*Dualseelen*, S. 156, Zitat Nr. 4). Ich möchte hier ein praktisches Beispiel von einem Irrtum geben, der jedoch später beseitigt werden konnte.

Elvis Presley und Priscilla Beaulieu

Elvis Presley (8.01.1935–16.08.1977) hielt seine Frau Priscilla Beaulieu (geb. am 24.05.1945), die er am 1.05.1967 ehelichte, jahrelang für seine Dualseele. Selbst nach ihrer Scheidung am 9.10.1973 sprach Elvis Mitte der siebziger Jahre (wenn mich meine Erinnerung nicht trügt, war es 1974) einmal mit jemandem über Priscilla, wobei er sie in jenem Gespräch meine Frau nannte. Auf die Erwiderung des Gesprächspartners, dass er doch von Priscilla geschieden sei und wohl seine *Ex*-Frau meine, antwortete Elvis: »Wir sind zwar geschieden, aber dennoch ist sie *meine* Frau.« Später erkannte er aber selbst diesen Irrtum, als er Anfang 1977 gegenüber seinem langjährigen Friseur und spirituellen Freund Larry Geller diese Feststellung machte: »*Lawrence, ich weiß jetzt, woher die erste Anziehungskraft von Priscilla ausging – es war Reinkarnation. Wie sonst könnte sich ein erwachsener Mann zu einem vierzehnjährigen Mädchen hingezogen fühlen?* (Anmerkung hierzu: Priscilla war erst vierzehn Jahre alt, als Elvis sie 1959 während seiner Armeezeit in Deutschland kennen gelernt hatte. Zwischen beiden hat es sofort »gefunkt«.) *Mann, ich hielt sie für meinen Seelenpartner* (in diesem Zusammenhang meinte Elvis die *Dualseele*, wie aus den folgenden Worten noch ersichtlich wird). *Heute weiß ich, dass sie es nicht war; wenigstens nicht mein richtiger. Sie war nur die Generalprobe, Larry, nicht die echte Seelenfreundschaft. Es war wohl so eine Art gemeinsames Karma, aber ich bin sicher, es stammt aus einem anderen Leben.*« (1)

Welche Art von Seelenpartner Priscilla für Elvis war, kann leicht festgestellt werden. Da sie nicht seine Dualseele war und auch nicht allzu viele gemeinsame Interessen mit Elvis hatte (als Beispiel sei hier nur erwähnt, dass Elvis schon während seiner Ehejahre mit Priscilla viele spirituelle Bücher las, denen Priscilla nicht das geringste Interesse entgegenbringen konnte), kann sie auch kaum sein Seelenpartner gewesen sein, denn dann hätten beide mehr gemeinsame Interessen gehabt. Alles weist hier auf eine karmische Seelenverbindung hin – den Seelengefährten. Wie wir den Zeilen des o. g. Zitates entnehmen, sah Elvis es anscheinend ebenso, wenn er sagte: *Es war wohl so eine Art gemeinsames Karma.*

Anhand dieses Beispiels wollte ich verdeutlichen, wie leicht man sich in dieser Frage (Habe ich meine Dualseelen gefunden oder nicht?) täuschen kann.

Selbst eine über viele Jahrzehnte bis zum Tode bestehende irdische Ehe oder sonstige dauerhafte Partnerschaft ist in der Regel kein Indiz für eine Dualseelenverbindung, sondern vielmehr ein Indiz für gegenseitige Treue. Hätten zwei bis zum Tode miteinander zusammenlebende Menschen zuvor je einen anderen Partner kennen gelernt, hätten sie vielleicht mit diesem ebenso bis zum Tode zusammengelebt wie mit ihrem jetzigen Partner. Viel aufschlussreicher sind hinsichtlich der Möglichkeit einer Dualseelenverbindung meines Erachtens tiefe Emotionen, die zwei Menschen auch noch nach ihrer Trennung bis zum Tode füreinander empfinden; tiefe Gefühle, die einander nicht vergessen lassen, sodass man in keiner anderen Beziehung das zu empfinden vermag, was man bei jenem verlorenen Partner empfunden hat und noch immer für ihn empfindet. Ein markantes Beispiel für eine solch tiefe und scheinbar endlose Liebe finden wir Berichten zufolge in der Beziehung zwischen James Dean und Pier Angeli, weshalb ich es für durchaus denkbar halte, dass es sich bei den beiden tatsächlich um Dualseelen gehandelt haben könnte.

James Dean und Pier Angeli

Der Affäre zwischen dem amerikanischen Jugendidol James Dean (8.02.1931–30.09.1955) und der italienischen Schauspielerin Pier Angeli (eigentlich Anna Maria Pierangeli, 19.06.1932–10.09.1971) liegt allem Anschein nach eine sehr tiefe und innige Seelenverbindung zugrunde und ihre tiefen Gefühle füreinander, die auch nach ihrer Trennung bis zu ihrem Tode (der bei James Dean schon ein knappes Jahr später durch einen Autounfall eintrat) fortbestehen blieben, sind zweifellos ein charakteristisches Merkmal für eine Dualseelenbeziehung.

An dem Tag, als die Produktion des Filmes *Jenseits von Eden* ins Studio der Warner-Filmgesellschaft verlegt wurde und James Dean dort seinen ersten Drehtag absolvierte, begann Pier Angeli, die zu jener Zeit als neuer weiblicher Hollywood-Star aufgebaut werden sollte, in einem benachbarten Studio ihre Dreharbeiten für den Film *Der Silberkelch*, der ebenfalls von Warner produziert wurde. Es dauerte nicht lange, bis die beiden einander vorgestellt wurden und sich auch gleich auf den ersten

Blick Hals über Kopf ineinander verliebten. Schon bald galten sie als unzertrennlich. Sie besuchten sich ständig gegenseitig in ihren Studios, pflegten ihre Mahlzeiten in der Studiokantine stets gemeinsam einzunehmen und verbrachten jeden Abend miteinander.

Beide übten auf den anderen einen nicht unbedeutenden Einfluss aus. Trotz der strengen Erziehung, die Pier zuteil wurde, und dem Einfluss ihrer Mutter, unter dem sie bis dahin nahezu willenlos stand, ließ Pier es sich nicht verbieten, James zu treffen. Als ihre Mutter dies einmal zu nachhaltig forderte, drohte sie sogar mit ihrem Auszug. Seither sprach Mutter Enrica sich nicht mehr so offen wie bisher gegen die Verbindung ihrer Tochter mit James aus. James dagegen änderte ihr zuliebe seinen rasanten Fahrstil dahingehend, dass er vorsichtiger fuhr, weil Pier seine Raserei – die schließlich nach ihrer Trennung auch zu seinem frühen Tod führen sollte – missbilligte.

Ihr Glück schien vollkommen, und alles deutete auf eine gemeinsame Ehe hin. Doch obwohl beide oft über eine Ehe miteinander sprachen und Pier diese auch gerne vollzogen hätte, hatte James Dean doch gewisse Bedenken gegen eine zu schnelle Heirat. Über eine mögliche Ehe mit Pier soll er einmal gesagt haben, dass er sie nicht eher heiraten werde, als bis er in der Lage sei, angemessen für sie zu sorgen. Außerdem soll er zum damaligen Zeitpunkt seiner Gefühle noch nicht sicher genug gewesen sein, um eine solche Entscheidung zu treffen. Dennoch soll ihm der Gedanke an eine Ehe mit Pier aber ständig durch den Kopf gegangen sein.

Über ihre gemeinsame Beziehung sagte James Dean

später einmal: »Pier ist ein ganz seltener Mensch ... Wir gingen stundenlang am Strand spazieren und mussten gar nicht viel reden, weil wir uns auch so verstanden.« Pier Angeli äußerte sich über ihre Beziehung zu James Dean: »Wir haben uns so viel zu erzählen. Es ist wundervoll, jemanden zu haben, mit dem man sich so gut versteht.« Kurz vor ihrem Tod erzählte sie einem Journalisten des *National Enquirer*: »Wir unterhielten uns oft über uns und unsere Probleme, ... über das Leben und das Leben nach dem Tod ... Wir verstanden uns vollkommen ... Manchmal liebten wir uns so sehr, dass wir am liebsten Hand in Hand ins Meer gegangen wären, um dann für immer zusammen sein zu können ... Es war alles so unschuldig und gefühlvoll.«

Auch James Deans Vater und sein Regisseur bei *Jenseits von Eden* sahen in dieser Beziehung etwas Außergewöhnliches und Wundervolles. So äußerte sich Winton Dean über die Beziehung seines Sohnes mit Pier: »So zufrieden hatte ich Jimmy noch nie gesehen.« Und Elia Kazan, der auch mit Marlon Brando und Montgomery Clift drehte, berichtete einmal: »Sie hingen aneinander wie die Kinder. Da hatte man das Gefühl, dass einer ohne den anderen nicht mehr leben kann.«

Trotz der tiefen Zuneigung, die beide miteinander verband, nahm ihre Beziehung Ende September 1954 eine völlig unerwartete Wendung. James Dean, der wegen eines Fernsehengagements in New York Hollywood für eine gewisse Zeit verlassen musste, versuchte an seinem letzten Abend in Hollywood vergeblich, Pier zu überreden, ihn auf dieser Reise zu begleiten. Vermutlich trennten sie sich an jenem Abend im Streit.

Am nächsten Tag, als James Dean Los Angeles verließ, lernte Pier Angeli den italienischen Sänger Vic Damone kennen. Aus Trotz über die Verärgerung ihres Streites mit James lud sie Vic Damone zu sich nach Hause ein. Ihre Mutter Enrica, von Anfang an gegen den Kontakt ihrer Tochter mit James Dean eingestellt, weil er ihr einerseits zu ungepflegt und rebellisch und andererseits weder katholisch noch italienischer Abstammung war, war auf Anhieb von Damone begeistert. Er war das Gegenteil von allem, was ihr an Jimmy missfiel. Sein äußeres Erscheinungsbild war charmant und elegant – und was ihr wohl am wichtigsten war: Damone war katholisch und noch dazu italienischer Abstammung. Nach nur einer Woche zeigten Pier Angeli und Vic Damone ihre Verlobung an und man darf annehmen, dass Mrs. Pierangeli diese Entscheidung ihrer Tochter maßgeblich beeinflusst hat.

James Dean, der zu dieser Zeit noch in New York verweilte und ihre Verlobungsanzeige in einer Zeitung las, rief aufgeregt seinen engen Freund Bill Bast an und wollte sich von ihm dahingehend beruhigen lassen, dass dies doch wohl nur die Idee irgendeines Journalisten sein könne. Bast blieb nichts anderes übrig, als ihn mit der harten Realität zu konfrontieren und zu bestätigen, dass die Verlobung tatsächlich stattgefunden hatte.

Als am 24.11.1954 die kirchliche Heirat von Pier Angeli und Vic Damone in der katholischen Kirche von St. Timothy zu Westwood stattfand, saß James Dean auf der gegenüberliegenden Straßenseite auf seinem Motorrad und fixierte Pier eine Weile, nachdem sie die Kirche in Gegenwart ihres Bräutigams verlassen hatte.

Dann gab er Gas und brauste davon. Sein Freund und späterer Biograph Bill Bast teilte mit, dass James Dean sich an jenem Abend hemmungslos ausgeweint hatte und völlig am Boden zerstört war. Von nun an litt er für den Rest seiner ihm nur noch verbleibenden kurzen Lebensspanne vermutlich unter schweren Depressionen und fand anscheinend auch nicht mehr so ganz zu sich selbst zurück.

Auch Pier Angeli hat die Trennung von James Dean nie überwunden. Ihr weiteres Leben verlief ziemlich unglücklich. Ihre Ehe mit Vic Damone wurde schon wenige Jahre später wieder geschieden, und eine zweite Ehe mit dem italienischen Bandleader Armando Trovajoli war ebenfalls nur von kurzer Dauer. Pier Angeli starb am 10.9.1971. Die Todesursache konnte nie genau geklärt werden. Einige behaupten, sie sei an einem Herzversagen gestorben – was vielleicht auf ein gebrochenes Herz zurückgeführt werden könnte – während andere davon ausgehen, dass sie ihrem Leben selbst ein Ende bereitet hat. Wie dem auch sei, so ist doch sicher, dass sie kurz vor ihrem Tode noch einmal ihre innersten Gefühle zum Ausdruck brachte, als sie einem vertrauten Freund schrieb: »Ich habe nur einen Mann in meinem Leben geliebt, und das war Jimmy Dean.«

Humphrey Bogart und Lauren Bacall

In der Analyse der Beziehung zwischen Humphrey Bogart (23.1.1899–14.1.1957) und Lauren Bacall (geb. am 16.9.1924) erkennen wir, dass auch hier eine irgendwie geartete Seelenverbindung vorgelegen haben muss. Wie sich aus der nachfolgenden Untersuchung ergeben wird, handelt es sich bei ihnen um *ein von der Vorsehung für diese Inkarnation vorherbestimmtes Paar*, denn obwohl beide im Laufe ihres Lebens mehrere Partnerschaften eingegangen waren (Bogart, bevor er Bacall begegnete und Bacall, nachdem Bogart gestorben war), hatte sie ganz offensichtlich nur diese Beziehung erfüllt und alle anderen überschattet, die allesamt mehr oder weniger unglücklich verliefen und auch nicht von allzu langer Dauer waren. Nüchtern betrachtet, könnte man hier durchaus zu der Feststellung gelangen, dass sie sich alle anderen Beziehungen tatsächlich hätten ersparen können, weil es für sie beide doch nur diese *eine* Beziehung gab.

Kennen- und liebengelernt haben sich die beiden im Jahr 1944 während der Dreharbeiten zu dem Film *Haben und Nichthaben*, in dem sie zum ersten Mal gemeinsam vor der Kamera standen. Insgesamt haben sie vier Filme zusammen gedreht. Die Mitarbeiter am Set spürten bereits nach kurzer Zeit, dass sich zwischen Bogart und Bacall etwas anbahnte. Doch so gut sie sich auch verstanden und so gerne sie ihre Zeit miteinander verbrachten, mussten sich ihre Wege doch vorübergehend trennen, als sie die Dreharbeiten zu diesem Film beendet hatten, denn Bogart war zu jener Zeit noch mit Mayo Method, seiner dritten Ehefrau, verheiratet. Bogart konnte sich zu jener Zeit noch nicht dazu entschließen, sich von Mayo zu trennen und fühlte sich ihr gegenüber offensichtlich verpflichtet. Doch trotz seiner guten Vorsätze gelang es den beiden nicht, ihre desolate Ehe in den Griff zu bekommen. So kam es, dass sie sich am 10.5.1945 scheiden ließen. Damit war der Weg frei für die Hochzeit von Bogart und Bacall, die schon elf Tage später, am 21.5.1945, stattfand.

Bogart und Bacall hatten jedoch nicht bis zu Bogarts Scheidung warten müssen, bis sie wieder beisammen sein konnten. Gelegentlich trafen sie sich heimlich, und ab Oktober 1944 konnten sie sich wieder täglich sehen, als sie die Dreharbeiten zu ihrem zweiten gemeinsamen Film, *Tote schlafen fest*, absolvierten. Was Bogart für Bacall empfand, hat er selbst einmal während einem dieser oben erwähnten heimlichen Treffen mit Bacall zum Ausdruck gebracht, als er sie mit den Worten: *»Mein Gott, wie ich dich brauche«* empfing. Und unmittelbar nach der Hochzeitszeremonie hat Bogart sich dahingehend geäußert, dass er sich jetzt viel mehr verheiratet fühle als bei seinen drei vorherigen Ehen. Tatsächlich war Lauren Bacall die erste und einzige Frau, mit der Bogart wirklich glücklich war. Sein Biograph Ezra Goodman schreibt, dass Bogart einmal einem Journalisten anvertraut hat, dass er nie so glücklich war, bis er Bacall traf. Lauren Bacall sprach ihrerseits beim Rückblick auf ihre Ehe mit Bogart des öfteren von den glücklichsten Jahren ihres Lebens.

Tatsächlich galt ihre Ehe bald als Musterehe. Waren sie vorher einander schon in charakterlichen Eigenschaften ähnlich, so wurden sie sich nun noch ähnlicher. Über die Ähnlichkeit der beiden Charaktere und ihre gegenseitige Anziehungskraft schreiben Heinzlmeier, Menningen und Schulz im *Humphrey Bogart Fan-Buch: Dass es zwischen Bogart und Bacall von der ersten Sekunde an funkte, ist so unerklärlich nicht. Denn die Bacall war aus demselben Holz geschnitzt wie er.* Zur gleichen Thematik schreibt Cornelia Zumkeller: *Die Chemie zwischen ihnen stimmte auf der Leinwand, und sie stimmte auch im richtigen Leben.* (2)

Wie glücklich Bogart in dieser Ehe war und welch positiven Einfluss Lauren Bacall auf ihn ausübte, zeigt allein schon die Tatsache, dass sein Alkoholkonsum nun deutlich zurückging. Der Regisseur John Huston äußerte sich dahingehend, dass die Bacall Bogarts Ego förderte. Über ihre Ehe schreibt Cornelia Zumkeller weiter: *Von seinem* (Bogarts) *Sarkasmus, der oft auch in Zynismus überging, hat sich Betty* (Bacalls Taufname; erst später tauscht sie ihren Vornamen, auf Wunsch des Produzenten und Regisseurs Howard Hawks, gegen den Vornamen Lauren ein) *im Laufe des Jahres einiges angeeignet.* (3) Darüber hinaus lässt sie uns wissen: *Die Ehe Bogart/Bacall war nach Aussage aller, die in engem Kontakt mit ihnen gestanden haben, überaus glücklich. Natürlich hatten auch sie gelegentlich heftige Auseinandersetzungen, doch im Kern herrschte zwischen den beiden in allen wesentlichen Fragen Einverständnis. Im Laufe ihrer Ehe waren sie sich zudem immer ähnlicher geworden, da sich vor allem Betty ihrem Mann stark anglich. Nicht, dass sie sich dabei selbst aufgegeben hätte. Ganz im Gegenteil. Sie verstand es nur immer besser, ihre Ziele zu erreichen, ohne vorher deswegen Grundsatzdiskussionen anzuzetteln. ... Viele ihrer Bekannten erzählten, dass die beiden einander häufig gar nicht mehr zu sagen brauchten, was sie dachten, sie kannten die Gedanken des anderen meist auch so.* (4)

Bogarts Biograph Joe Hyams berichtet sogar davon, dass sie für ihn immer mehr zur Mutter wurde und er für sie zum Vater. Wie sehr die beiden einander liebten und brauchten, belegt eine spätere Notiz Lauren Bacalls, die sie verfasst hatte, nachdem Bogart bereits verstorben war: *1948 tat sich soviel. Bogie nahm eines Wochenendes an einer Regatta teil, und ich werde nie vergessen, wie sehr er mir gefehlt hat. Ich liebte diesen Mann so sehr, dass ich einen Schmerz in meinem Herzen fühlte, als er ging. Genauso war es. Er war in meinem Leben so wichtig, dass ich buchstäblich an nichts anderes denken konnte – ich musste tief Luft holen, als er ging. Wann immer ich heute das Wort* GLÜCKLICH *höre, denke ich an jene Zeit. Damals lebte ich Tag für Tag die volle Bedeutung dieses Wortes. Seitdem ist das nur noch gelegentlich der Fall.* (5)

Anfang 1956 wurde bei Bogart Speiseröhrenkrebs diagnostiziert, der bald auch noch auf die Lymphdrüsen übergriff. In den letzten Monaten seines Lebens litt er immer wieder unter chronischem Appetitmangel und hatte zudem erhebliche Schluckbeschwerden. So konnte er kaum noch Nahrung zu sich nehmen und verlor drastisch an Gewicht. Die Folge davon war, dass er in der Nacht des 14.1.1957 starb.

In den ersten Monaten nach seinem Tode lebte Lauren Bacall sehr zurückgezogen und verließ kaum noch ihr Haus. Mit der Zeit jedoch entstand in ihr das Bedürfnis, wieder eine dauerhafte Beziehung einzugehen, was ihr jedoch nicht gelang. Alle Bemühungen in dieser Richtung waren früher oder später zum Scheitern verurteilt. Lassen wir in diesem Zusammenhang noch einmal Cornelia Zumkeller zu Wort kommen: *Betty machte die leidvolle Erfahrung, dass das große Glück, das ihr in der ersten Hälfte ihres Lebens widerfuhr, nicht von Dauer und auch nicht mit anderen wiederholbar war.* (6)

Friedrich Hölderlin und Susette Borkenstein

Diese Beziehung war eine äußerst dramatische und erinnert uns an das Schicksal der Liebenden in *Peter Ibbetson* und *Sturmhöhe*, denn Susette war mit dem Bankier Jakob Friedrich Gontard, genannt Cobus, verheiratet und hatte vier Kinder von ihm. Das machte sie förmlich zu einer *Gefangenen* und ließ diesem Seelenpaar später kaum mehr eine Möglichkeit, sich zu sehen. Doch will ich der Reihe nach schildern:

Der Autor des *Hyperion*, Johann Christian Friedrich Hölderlin (20.3.1770–7.6.1843) kam im Jahr 1795 nach Frankfurt am Main, wo er bald als Hofmeister im Hause Gontard angestellt wurde. Dort war er im Zeitraum von Anfang 1796 bis September 1798 tätig. Auf diese Weise lernte er die bezaubernde Susette Gontard (geb. Borkenstein, 6.2.1769–22.6.1802) kennen. Beide verband schon sehr bald eine sehr tiefe und innige Zuneigung miteinander.

Ende Juni 1796 schreibt er an seinen Freund Christian Ludwig Neuffer: *Es giebt ein Wesen auf der Welt, woran mein Geist Jahrtausende verweilen kann und wird, und dann noch sehn, wie schülerhaft all unser Denken und Verstehn vor der Natur sich gegenüber findet. Lieblichkeit und Hoheit, und Ruh und Leben, und Geist und Gemüt und Gestalt ist Ein seliges Eins in diesem Wesen. Du kannst mir glauben, auf mein Wort, dass selten so etwas geahndet, und schwerlich wieder gefunden wird in dieser Welt. Du weißt ja, wie ich war, wie mir Gewöhnliches entleidet war, weißt ja, wie ich ohne Glauben lebte, wie ich so karg gewor-*

den war mit meinem Herzen, und darum so elend; könnt ich werden, wie ich jetzt bin, froh, wie ein Adler, wenn mir nicht dies, dies Eine erschienen wäre, und mir das Leben, das mir nichts mehr wert war, verjüngt, gestärkt, erheitert, verherrlicht hätte mit seinem Frühlingslichte?

Es besteht kein Zweifel, dass die hier beschriebene Person Susette Gontard war, die Hölderlin in manchen seiner literarischen Werke auch als *Diotima* bezeichnete. Hier eine Passage aus einem *Diotima*-Gedicht, in dem Hölderlin seine Gewissheit ausdrückt, mit Susette schon in früheren Inkarnationen verbunden gewesen zu sein und sie nunmehr als seine *Seelenpartnerin* wiedererkannt zu haben:

Diotima! seelig Wesen!
Herrliche, durch die mein Geist
Von des Lebens Angst genesen
Götterjugend sich verheißt!

Unser Himmel wird bestehen,
Unergründlich sich verwandt
Hat, noch eh' wir uns gesehen
Unser Wesen sich gekannt.

Im Februar 1797 schrieb Hölderlin noch einmal an seinen Freund Neuffer über Susette und seine Beziehung zu ihr: *Es ist eine ewige fröhliche heilige Freundschaft mit einem Wesen, das sich recht in dies arme geist- und ordnungslose Jahrhundert verirrt hat! Mein Schönheitssinn ist nun vor Störung sicher. Er orientiert sich ewig an diesem Madonnenkopfe. Mein Verstand geht in die Schule bei ihr, und mein uneinig Gemüt besänftiget, erheitert sich täglich in ihrem genügsamen Frieden.*

Bereits im Mai 1796 hatte die Familie Gontard ein Sommerhaus außerhalb Frankfurts bezogen, das der Bankier nur gelegentlich an manchen Wochenenden besuchte. Dieser Tatbestand und viele gemeinsame Spaziergänge von Hölderlin und Susette haben die beiden Liebenden vermutlich einander sehr nahegebracht.

Es ist begreiflich, dass Hölderlin diese Situation nicht nur als glücklich empfand, sondern ihn auch vor unlösbare Probleme stellte, denn Susette war – wenn auch nicht glücklich – verheiratet und hätte ihrer vier Kinder wegen wohl auch niemals eine Scheidung von ihrem Mann erwogen. Gemeinsame Zukunftsaussichten mit Susette gab es für Hölderlin also nicht. Das mag einer der Gründe gewesen sein, weshalb die anfängliche Hochstimmung sich im Laufe des Jahres 1797 immer weiter verschlechterte. Im November 1797 schrieb er seiner Mutter, dass er mit sich selbst im Streit sei und darüber nachdenke, *eine Lage zu verlassen, wo sich immer zwei Partien für und gegen mich bilden, wovon die eine fast mich übermütig und die andre sehr oft niedergeschlagen, trüb und manchmal etwas bitter macht. Das war die ganzen zwei Jahre über mein beständiges Schicksal, und musst es sein, und ich sah es in den ersten Monaten unwidersprechlich voraus.*

Am 25. September 1798 kam es dann zum Bruch zwischen Hölderlin und dem Bankier Gontard. Bei einem Streit zwischen diesen beiden Männern, dessen weiterer Verlauf nicht vorhersehbar war, schritt Susette ein und forderte Hölderlin auf, sich sofort zu entfernen.

Während sie mit dieser Wortwahl lediglich meinte, dass Hölderlin sich an einen anderen Platz *innerhalb* des Hauses begeben solle, weil sie hierdurch den Streit schlichten wollte, wurde ihr in diesem Moment strenger Tonfall von Hölderlin dahingehend interpretiert, dass er das Haus zu verlassen hätte, was er auch tat. Ein folgenschwerer Irrtum! Nun konnte Hölderlin nicht mehr zurückkehren. Um ihm gegenüber jedoch das Missverständnis aufzuklären und weil sie den Kontakt mit ihm nicht ganz verlieren wollte, schrieb sie ihm schon in den nächsten Tagen den ersten von insgesamt siebzehn erhaltenen Briefen aus dem Nachlass Susette Gontards. In diesem ersten Brief heißt es: *Ich muss Dir schreiben Lieber! Mein Herz hält das Schweigen gegen Dich länger nicht aus. Nur noch einmal lass meine Empfindung sprechen vor Dir, dann will ich, wenn Du es besser findest, gerne, gerne still seyn. Wie ist nun, seit Du fort bist, um und in mir alles so öde und leer, es ist als hätte mein Leben alle Bedeutung verlohren, nur im Schmerz fühl ich es noch. – … Wie! dachte ich dann oft, soll künftig diese geliebte reine Liebe wie Rauch verfliegen und sich auflösen, nirgends eine bleibende Spur zurück lassen? – Da kam der Wunsch in mich, noch durch geschriebene Worte, für Dich, ihr ein Monument zu errichten, das unauslöschlich die Zeit doch unverändert schonet. Wie mögte ich mit glühenden Farben bis auf ihre kleinsten Schattierungen sie mahlen und sie ergründen, die edle Liebe des Herzens, könnte ich nur Einsamkeit und Ruhe finden! So, beständig gestöhrt, zerrissen, kann ich nur stückweise sie fühlen, suche sie beständig, und doch ist sie ganz in mir! … Schon oft habe ich es bereut, dass ich Dir beym Abschied den Rath gab, auf der Stelle Dich zu entfernen. Noch habe ich nicht begriffen, aus welchem*

Gefühl ich so dringend Dich bitten musste. Ich glaube aber, es war die Furcht vor der ganzen Empfindung unserer Liebe, die zu laut in mir wurde bey diesem gewaltigen Riss, und die Gewalt, welche ich fühlte, machte mich gleich zu nachgiebig. Wie manches, dachte ich nachher, hätten wir noch für die Zukunft ausmachen können, hätte nur unser aus einander gehen nicht diese feindselige Farbe angenommen; niemand hätte Dir den Zutritt in unser Haus wehren können. Aber jetzt, o! sage mir Du Guter, wie gehet es wohl an, dass wir uns Wiedersehen? Sey es auch noch so entfernt? – Dem ganz entsagen kann ich nicht! Es bleibt immer meine liebste Hoffnung!
In demselben Brief teilte sie ihm weiter mit, wie sehr sie unter seinem Verlust zu leiden hatte: *Ich bin so verändert, dieser gewaltige Schlag des Schicksals hat mich ganz in mich selbst gekehrt, ein tiefer heiliger Ernst herrschet durch mein ganzes Wesen.*

Da man sich von nun an nur noch heimlich sehen konnte und auch bald keine Verbündeten mehr zu finden waren, die sich als Kuriere für ihre aneinander gerichteten Briefe betätigt hätten, von denen ja niemand im Hause Gontard etwas wissen durfte, musste man dieselben auf eine äußerst vorsichtige Weise direkt miteinander austauschen. So hatten sie miteinander vereinbart, dass er an jedem ersten Donnerstag im Monat gegen zehn Uhr vormittags zu dem Hause der Gontards kam, wo Susette auf ihn wartete.

Das letzte Treffen dieser Art fand vermutlich am 8.5.1800 statt. Hölderlin, der seit dem Bruch mit Gontard in Bad Homburg lebte und während dieser Zeit einen Fußweg von etwa drei Stunden bis zum Hause der Gontards zurückzulegen hatte, verließ Homburg im

Juni 1800. Von da an haben sich die beiden möglicherweise nicht mehr gesehen. Vergessen haben sie sich aber keineswegs, und Hölderlins Biograph Pierre Bertaux nimmt sogar an, dass Hölderlin seine Susette am Sterbebett noch einmal besucht hatte. Vor allem zwei Indizien sprechen hierfür – zum einen Wilhelm Waiblingers Roman *Phaethon* und zum anderen die Tatsache, dass man ausgerechnet von jener Woche, in der Susette starb, keinerlei Kenntnis über den Verbleib von Hölderlin hat.

Zu dem ersten Argument, Waiblingers Roman, schreibt Bertaux: *Ich versuchte gerade, mir diese letzte Begegnung vorzustellen, als ich in Waiblingers Roman Phaethon auf eine ähnliche Szene stieß. Wie lautet der Schluss von Waiblingers Roman? Im Auftrag seines Fürsten hat der Bildhauer Phaethon – unter dessen Namen Waiblinger Hölderlin darstellt – ins Ausland reisen müssen* (Anmerkung: Hölderlin befand sich kurze Zeit vor Susettes Tod in Bordeaux), *um eine Büste der Fürstin zu fertigen. Doch kann seine Braut und Geliebte Atalanta (der Diotima nachgebildet) den Schmerz der Trennung nicht verwinden. Dahinsiechend schreibt sie an Phaethon einen letzten Brief und ruft ihn an ihr Sterbebett.* (7) Bertaux führt hierzu weiter aus: *Wilhelm Waiblinger ist in der zweiten Hälfte von Hölderlins Leben der Einzige gewesen, der mit ihm etwas vertraut wurde. … Sein Phaethon trägt alle Züge Hölderlins, wie ihn Waiblinger sah. … Das einzige Mal, wo er in seinem Hölderlin-Roman eine Szene erfunden hätte, wäre die Begegnung Phaethons und Atalanta auf ihrem Sterbebett. Ist das wahrscheinlich? Es wäre erstaunlich, dass Waiblinger gerade diese Szene, und praktisch nur diese, frei erfunden hätte.* (8)

An dieser Stelle möchte ich noch einige Formulierungen aus den an Hölderlin gerichteten Briefen von Susette Gontard wiedergeben, weil diese mit Nachdruck auf ihre Seelenverwandtschaft hinweisen.

So schrieb sie im Dezember 1798: *Die Leidenschaft der höchsten Liebe findet wohl auf Erden ihre Befriedigung nie! – Fühle es mit mir: diese suchen wäre Tohrheit –. Mit einander sterben! – Doch still, es klingt wie Schwärmerey und ist doch so wahr –, ist die Befriedigung. – Doch wir haben heilige Pflichten für diese Welt. Es bleibt uns nichts übrig, als der seeligste Glaube an einander und an das allmächtige Wesen der Liebe, das uns ewig unsichtbar leiten und immer mehr und mehr verbinden wird.*

Einen Monat später schrieb sie: *Habe Glauben an mich, und baue fest auf mein Herz. So lebe denn wohl bestes theuerstes Herz, und denke wie ich, dass unser liebstes innerstes Wesen unveränderlich sich gleich bleiben und sich angehöhren wird.*

In einem Anfang März 1799 datierten Brief heißt es: *So lieben wie ich Dich, wird Dich nichts mehr, so lieben wie Du mich, wirst Du nichts mehr.* Und an anderer Stelle: *Mein Geist, meine Seele spiegeln sich in Dir.*

Am 12.03.1799 schrieb Susette: *Wir mussten uns finden, und freuten uns oft innig darüber, sollten wir uns denn nicht wieder finden und wieder freuen können?*

In ihrem Brief vom 08.08.1799 lesen wir: *O! zweifele nie an meiner Liebe! – Dir! Dir allein wird sie ewig bleiben!*

Ganz besonders ergreifend ist Susettes Brief vom 15.08.1799, in dem sie unter anderem die folgenden Worte niederschrieb: *Ich sehne mich nach Antwort Deiner verwandten Seele! ... O! einmal gefühlte glückliche, ge-*

liebte, himmlische Liebe! Welche Leere lässt Trennung im Herzen zurück ...

In ihrem Schreiben vom 05.09.1799 brachte sie ihre hoffnungsvolle Überzeugung zum Ausdruck, dass ihre Seelen immer wieder miteinander verbunden werden: *O! behalte mich immer lieb! Und bliebe unsere Liebe auch ewig unbelohnt, so ist sie durch sich selbst, in uns ganz stille, doch so schön, dass sie uns immer unser liebstes, einziges bleiben soll. Nicht wahr mein Guter! so ist dir auch, und unsere Seelen begegnen sich immer und ewig!*

Wie in einem Übergang, der zu dieser Formulierung passt, heißt es in einem Brief von Anfang Februar 1800: *Und so mit mir verwebt bist Du, dass nichts Dich von mir trennen kann. Wir sind beysammen, wo wir auch sind, und bald hoffe ich Dich wieder zu sehen.* Mit Sicherheit hielt Susette Hölderlin für ihre Dualseele, und ihre in den überlieferten Briefen festgehaltenen Emotionen sind zumindest charakteristisch für eine solche Dualverbindung. Als ein letztes Beispiel hierzu möchte ich den Schluss des Briefes vom Februar 1800 ungekürzt wiedergeben: *Könntest Du fühlen, wie Dein schönstes Bild oft lebendig in mir aufblüht, dann würdest Du auch fühlen, wie alles alles, was mich umgiebt, ihm weichen muss, und wie jede leise Empfindung in mir die Große Einzige für Dich nur weckt und mich ganz Dir hingibt! – Darum scheue Dein Herz nicht und glaube wie ich, dass wir ewig unser und nur unser sind!*

Novalis und Sophie von Kühn

Friedrich von Hardenberg (2.5.1772–25.3.1801), der unter dem Pseudonym *Novalis* schrieb, verband eine sehr große Liebe mit der zehn Jahre jüngeren Sophie von Kühn (17.3.1782–19.3.1797), der leider nur ein sehr kurzes Leben beschieden war und die schon zwei Tage nach ihrem fünfzehnten Geburtstag starb. Hier eine kurze biographische Darstellung ihrer innigen Beziehung, die aus Sicht des Novalis keinen Zweifel offen ließ, dass er mit Sophie seiner Zwillingsseele begegnet war und der er nach ihrem Ableben auch *nachsterben* wollte.

Während seiner Tätigkeit als Aktuarius in Arnstadt/Thüringen machte der zweiundzwanzigjährige Novalis mit seinem Vorgesetzten, dem Kreisamtmann Just, am 17.11.1794 eine Dienstreise nach Grüningen. Hier wurde er der erst zwölfjährigen Sophie von Kühn vorgestellt. Für beide war es Liebe auf den ersten Blick.

An seinen zwei Jahre jüngeren Lieblingsbruder Erasmus schrieb Novalis schon wenig später über diese Begegnung, *dass eine Viertelstunde sein Leben bestimmt hat.* Schon an dem Tag, als Novalis Sophie zum ersten Mal sah, soll er den Entschluss gefasst haben, sie zu heiraten.

Ein anderer großer Autor dieser Epoche, Ludwig Tieck (1773–1853), schildert diese erste Begegnung, und welche Empfindungen sie bei Novalis in Gang setzte, wie folgt: *Der erste Anblick dieser schönen und wunderbar lieblichen Gestalt entschied für sein ganzes Leben, ja man kann sagen, dass die Empfindung, welche ihn durchdrang und beseelte, der Inhalt seines ganzen Lebens ward. ... Novalis ward zum Dichter, sooft er nur von ihr sprach.*

Am 15.3.1795 fand die heimliche Verlobung zwischen den beiden Liebenden statt.

Über diese besondere Art der Liebe (zwischen Dualseelen, wie es scheint und wie Novalis meinte) schreibt Hermann Kurzke in seiner Novalis-Biographie: *Es ist etwas in dieser Liebe, was unsere heutige Psychologie entmachtet, etwas Reines und Keusches, das in unsere üblichen Erklärungsmodelle nicht passt.* (9) Vielleicht ist diese Liebe tatsächlich nur vor dem Hintergrund einer Begegnung zweier Dualseelen zu begreifen. Andererseits soll aber nicht unerwähnt bleiben, dass Kurzke auch den Umstand erwähnt, dass es schon im November 1795 zu einer Krise in dieser Beziehung kam und eine Trennung möglicherweise nur durch Sophies zu diesem Zeitpunkt plötzlich ausbrechende schwere Krankheit verhindert wurde. *Von jetzt an, schreibt Kurzke jedenfalls weiter, ist Sophies langwieriger Todeskampf der Inhalt der Beziehung.*

Sophie litt an einem äußerst bedrohlichen Lebergeschwür und musste mehrfach operiert werden. Dennoch verschlechterte sich ihr Gesundheitszustand zunehmend. Wie bereits erwähnt, starb Sophie nur zwei Tage nach ihrem fünfzehnten Geburtstag.

Wenige Tage vor ihrem Ableben schrieb Novalis (am 14.3.1797) ernüchtert an seinen Freund Friedrich Schlegel, dessen Roman *Lucinde* im vorangegangenen Kapitel vorgestellt wurde: *Ich bin aus Grüningen mit der fast apodiktischen* (d.h. unumstößlichen) *Gewissheit zurückgekommen, dass Sophie nur noch wenige Tage zu leben hat. … Die Gewissheit ihres Besitzes ist mir zu unentbehrlich geworden. Jetzt erst fühl ich, wie sie, mir selbst unmerklich, der Grundstein meiner Ruhe, meiner Tätigkeit, meines ganzen Lebens gewesen ist.*

Drei Tage nach Sophies Tode schrieb Novalis an Karl Ludwig Woltmann: *Meine Trauer ist grenzenlos, wie meine Liebe. Drei Jahre ist sie mein stündlicher Gedanke gewesen. Sie allein hat mich an das Leben, an das Land, an meine Beschäftigungen gefesselt. Mit ihr bin ich von allem getrennt, denn ich habe mich fast selbst nicht mehr.*

Am 28.3.1797 schrieb er an die Frau des Kreisamtmanns Just: *Glauben Sie, dass Gott zürnt, wenn ich zu ihm sagen werde: »Vater, ich will nicht mehr murren, ich will alles gern tun, ich will Dich auch recht innig lieben – aber nicht wahr, Du gibst mir auch Sophien wieder? Sie ist gewiss eine Deiner Lieblingstöchter, und da ist Dir's gewiss recht, wenn ich ganz in ihr lebe und mich ewig nach ihr sehne!« – Ach, er gibt sie mir sicher…* Diese Passage lässt erkennen, dass es Novalis Sehnsucht war, mit seiner geliebten Sophie wieder in der Astralwelt vereinigt zu werden und er offensichtlich keinen Zweifel hegte, dass dies auch geschehen würde. Aus einer solchen Motivation heraus ist es sicher nur allzu verständlich, dass er eine lange Zeit den Wunsch hegte, Sophie innerhalb eines Jahres nachzusterben, um die ersehnte Wiedervereinigung schnellstmöglich zu erlangen. Diese Formulierung zeigt außerdem, dass Novalis in dieser Liebe ein religiöses Element sah und dass er sich für seine Liebe zu Sophie nicht vor Gott schämte, sondern vielmehr Gottes Segen für diese Liebe erbat und sich im Grunde genommen eigentlich auch dieses Segens sicher zu sein schien. Wie Goethes *Werther* stellte er weder Gott über seine Dualseele (was diejenigen tun, die sich den strengen – von Menschen geschaffenen – Regeln eines Zölibates unterwerfen) noch diese über Gott (wozu weltlich gesinnte Menschen neigen), sondern er stellte sie insofern auf eine Stufe, als er erkannte, dass nur die Vereinigung mit beiden die *vollständige* Erfüllung bringt. Er erkannte aber auch, dass er zur ersehnten Vereinigung mit seinem Dual auf Gottes Hilfe angewiesen war und er diese nicht aus eigenen Kräften allein ermöglichen konnte.

Am darauffolgenden Tage bringt Novalis dann zum Ausdruck, dass Sophies Tod seinem Leben eine völlig neue Richtung gab. Seine Todessehnsucht ist nicht auf eine Geistesverwirrung zurückzuführen – und schließlich hat er ja auch keinen Selbstmord verübt – sondern Resultat der Erkenntnis, dass alle rein irdischen Dinge ohne allzu großen Wert sind, sondern nur als eine Art Vorbereitung auf unser eigentliches Leben (im Himmel, im Paradies, im Nirvana, oder wie immer man es bezeichnen möchte) zu betrachten sind. In jenem Brief vom 29.3.1797 schrieb er an den Kreisamtmann Just: *Wenn ich bisher in der Gegenwart und in der Hoffnung irdischen Glücks gelebt habe, so muss ich nunmehro ganz in der echten Zukunft und im Glauben an Gott und Unsterblichkeit leben.*

Übereinstimmend hierzu lesen wir in einem Bericht von Ludwig Tieck, dass Novalis sich nach dem Verlust von Sophie über viele Monate hinweg als einen Fremdling auf Erden betrachtete und in dieser Zeit nur in seinem Schmerz lebte.

Seine Gedanken sind ganz bei Sophie. Am 13.4.1797 schrieb Novalis, in Erwartung seines baldigen Nachsterbens und der himmlischen Wiedervereinigung mit seinem Dual, an Wilhelmine von Thümmel: *Ich sehe sie, den Engel meines Lebens, meine ewige Sophie, bald, sehr bald wieder. ... Der Augenblick des Wiedersehens ist der freudigste Aufblick, den ich noch unter dieser Sonne habe. Sie umgibt mich unaufhörlich – alles was ich noch tue, tue ich in ihrem Namen. Sie war der Anfang – sie wird das Ende meines Lebens sein.*

Auch seine Tagebuchaufzeichnungen vermitteln uns einige seiner Empfindungen – und ganz besonders interessant ist hierbei die Tatsache, dass er mit den Datierungen in diesem Journal eine neue Zeitrechnung entstehen lässt, die mit ihrem Todestag beginnt. So notierte Novalis zum Beispiel unter den Daten 17./18. Mai 1797 den Zusatz »der 60. und 61. Tag nach Sophiens Tode«. Dort heißt es: *Ich muss nur immer mehr um Ihretwillen leben – für Sie bin ich nur – für mich und keinen andern nicht. Sie ist das Höchste, das Einzige.*

Unter der Datierung 6:80 (das bedeutet: 6. Juni, 80. Tag nach Sophiens Tode) hielt er in seinem *Journal* fest: *Ohne meine Sophie bin ich gar nichts, mit ihr alles.*
Nachfolgend möchte ich noch zwei weitere Tagebucheintragungen zitieren, die seine ungebrochene und tiefe Verbundenheit mit Sophie zum Ausdruck bringen. Das erste Zitat weist noch einmal mit Nachdruck auf seine Sehnsucht hin, ihr nachsterben zu wollen: *Sie ist gestorben, so sterb' ich auch, die Welt ist öde. Selbst meine philosophischen Studien sollen mich nicht mehr stören. In tiefer, heitrer Ruh will ich den Augenblick erwarten, der mich ruft.*

Das zweite Zitat bringt zum Ausdruck, dass er Sophie bei sich weiß, wenn er intensiv an sie denkt – es zeigt ferner eine Übereinstimmung mit den von mir formulierten Zeilen über das richtige Verständnis der inneren und äußeren Vereinigung (vgl. *Dualseelen*, S. 143 ff.): *Indem ich glaube, dass Sophie um mich ist und erscheinen kann, und diesem Glauben gemäß handele, so ist sie auch um mich und erscheint mir endlich gewiss – gerade da, wo ich nicht vermute, in mir, als meine Seele vielleicht und gerade dadurch wahrhaft außer mir – denn das wahrhaft Äußere kann nur durch mich, in mir, auf mich wirken und im entzückenden Verhältnisse.*

Das Jahr, innerhalb dessen Novalis seiner Sophie nachsterben wollte, verstrich, ohne dass sein Tod eintrat. Anfang 1798 lernte er Julie von Charpentier (1776–1811) kennen, mit der er sich im Dezember desselben Jahres verlobte. Man darf jedoch keineswegs annehmen, dass er mit dieser neuen Bindung seine Sophie vergessen hätte noch dass diese Beziehung für ihn die gleiche Bedeutung gehabt hätte wie seine Beziehung zu Sophie. Über diese neue Partnerschaft mit Julie erhalten wir vom Kreisamtmann Just die folgende Auskunft: *Sein Herz bedurfte nun einmal eine weibliche Seele, an die es sich anschließen konnte, aber: seine Liebe für sie (Julie) war nicht die leidenschaftliche, die sie für Sophien gewesen war…*

Ludwig Tieck schrieb über den Unterschied dieser beiden Beziehungen: *Sophie (wie wir auch aus seinen Werken sehen) blieb der Mittelpunkt seiner Gedanken, als eine Abgeschiedene verehrte er sie fast mehr, als da sie ihm noch sichtbar nahe war, aber er glaubte doch, dass Liebens-*

würdigkeit und Schönheit ihm gewissermaßen jenen Verlust ersetzen könnten.

Dass Novalis, trotz seiner Verlobung mit Julie von Charpentier, weiter unter dem Einfluss von Sophie von Kühn stand, belegt auch sein Biograph Hermann Kurzke: *Sophie bleibt dennoch in seinem Werk lebendig. Sie bleibt der Motor der Idealisierung, des Wunsches, alles Irdische in eine höhere Welt zu ziehen.* (10)

Vielleicht war es eine Folge dieser ungebrochenen geistigen Verbundenheit zu Sophie, dass Novalis ausgerechnet von ihrem vierten Todestag an zunehmend schwächer wurde. Nur sechs Tage später, am 25.3.1801, verstarb Novalis. Er hatte sich nach dem Frühstück noch einmal hingelegt und war erneut eingeschlafen. Ohne noch einmal aufgewacht zu sein, verschied er. Das Gesicht des Toten erschien so freundlich, als wenn er noch lebte. Natürlich wissen wir nicht, welche Erfahrungen er möglicherweise in den letzten Tagen und Nächten vor seinem Tode machte – und insbesondere in diesem Schlaf am Vormittag doch ist mir bei der Information seines überaus freundlich wirkenden Gesichtes (als er bereits verstorben war) sogleich die Parallele zu der in *Dualseelen* vorgestellten Erzählung *Klara Militsch* von Iwan Turgenjew aufgefallen, an deren Ende es heißt: *In den letzten Tagen vor seinem Tod spricht er oft von einer vollzogenen Ehe. Das Gesicht des Sterbenden erstrahlt in einem seligen Lächeln.* (S. 124)

Friedrich Gottlieb Klopstock und Meta Moller

Klopstock (2.07.1724–14.3.1803) wurde zunächst durch seine leidenschaftliche und schwermütige – aber unerwiderte – Liebe zu seiner Kusine Maria Sophia Schmidt, Fanny genannt, dazu angespornt, die vielsagende Ode *An Fanny* zu schreiben, während später seine große – und in gleichem Maße erwiderte! – Liebe zu Meta Moller (16.3.1728–28.11.1758), mit der er sich im Sommer 1752 verlobte und die er am 10.6.1754 ehelichte, sein ganzes Denken erfüllte. Diese Beziehungen Klopstocks wollen wir – natürlich mit Schwerpunkt auf seine Verbindung mit Meta – im nachfolgenden Text näher betrachten:

Über seine tiefe Zuneigung zu seiner Kusine erfahren wir einiges aus seinem an sie gerichteten Brief vom 14.9.1751, in dem er zum Ausdruck bringt, dass er nunmehr schon seit drei Jahren in sie verliebt ist und sie seither sein ganzes Herz beschäftigt hat; und er rechnete zum damaligen Zeitpunkt auch damit, dass diese Liebe ihn noch für den Rest seines Lebens beschäftigen würde. Er schreibt ferner, *dass ich das liebste unter allen Mädchen, Fanny, schon seit dieser Zeit, auf eine so ungemeine Art liebe, dass mir aus den Geschichten derer, die geliebt haben, nichts gleiches bekannt ist.*

Schließlich half ihm aber der Kontakt mit Meta Moller doch allmählich über seine enttäuschte Liebe zu Fanny hinweg, und er konnte erneut lieben, was er zuvor noch für unmöglich hielt (am 30.10.1751 schrieb er an Gleim: *Manchmal wünsch ich, dass ich sie niemals gesehn, nie ihren Namen hätte nennen hören; so könnte doch mein Herz durch das große Glück der Liebe glücklich werden; so könnte ich vielleicht eine andre lieben. Aber das kann ich nun nicht).*

Meta hatte zum ersten Mal von Klopstock gehört, als sie auf der Toilette einer Freundin einige Fragmente seines *Messias* gelesen hatte. Hiervon sehr ergriffen, erkundigte sie sich nach dem Namen des Autors. Wie sie später in einem Brief (vom 14.3.1758) an Samuel Richardson, den Autor des Briefromans *Clarissa Harlowe*, schrieb, glaubte sie, sich schon zu diesem Zeitpunkt in Klopstock verliebt zu haben, doch hatte sie keinerlei Hoffnung, ihn jemals kennenzulernen, bis einer ihrer Freunde, ein Herr Giseke, ihr die überraschende Nachricht geben konnte, dass Klopstock für eine kurze Zeit nach Hamburg kommen werde. Da Giseke auch mit Klopstock bekannt war, arrangierte er ein Treffen der beiden. Meta freute sich ungemein darüber, dass es ihr nun doch möglich war, Klopstock persönlich kennen zu lernen. Als sie Klopstock nun leibhaftig begegnete, verliebte sie sich noch mehr in ihn – und auch er verliebte sich in sie. Obwohl noch andere Personen bei ihrer ersten Begegnung anwesend waren, unterhielten sich die beiden fast ausnahmslos nur miteinander.

Da Klopstock jedoch schon bald nach Kopenhagen reisen musste, war diese erste Begegnung nur von kurzer Dauer. Sie blieben aber fortan in schriftlichem Kontakt und begannen, sich leidenschaftliche Briefe zu schreiben. Bis zu ihrem nächsten Zusammentreffen, bei dem sie sich zugleich verlobten, verging ein ganzes Jahr. Während dieses Trennungsjahres kam Klopstock allmählich von Fanny weg, sodass er Meta am 1.2.1752 schreiben konnte, *dass Sie mein kleines göttliches Mädchen sind, dass izt die Schmerzen meiner ersten Liebe ein süsser Gedanke für mich sind...* Im Laufe der Zeit wurde seine neue Liebe zu Meta immer mehr zu einem religiösen Erlebnis. Eine Andeutung hierzu ist schon in seinem Brief vom 24.5.1752 enthalten, in dem er Meta schrieb: *Mit vollen Augen, mit zum Himmel gerichteten Augen ... habe ich der Hohen Vorsehung für die Traurigkeit meiner ersten Liebe, und für Sie meine geliebte, meine ewig geliebteste Freundin gedankt. Sie sind mir nach Ihrem und meinem Schöpfer das theuerste und das heiligste ...* Sein Brief vom 20.7.1752 an Meta bringt Klopstocks Überzeugung zum Ausdruck, dass ihre Seelen wirklich zusammengehören und sie sich im Laufe vergangener Inkarnationen schon des öfteren begegnet waren. Dort heißt es: *Du aber, Grosser Grosser Unaussprechlichster, Namenlosester unter allen deinen namenlosen Wundern, du dessen Allgegenwart dicht um mich her ist, und vor dem ich mein stilles volles Auge bedecke – lass die leben, die schon ehmals der Inhalt meines Gebets war, und die du schon so oft für mich leben liessest.*

In ihrem Antwortbrief vom 24.7.1752 bezeichnete Meta ihrerseits Klopstock als den *ersten unter den Menschen* und verriet ihm, dass sie im Alter von dreizehn Jahren eine Vision hatte: *Ich machte mir damals schon ungefehr so ein Bild von meinem Manne, als der Himmel ihn mir izt giebt.*

Weitere Briefe und andere Schriftstücke belegen, dass Klopstock der Überzeugung war, in Meta sein Dual gefunden zu haben. Am 27.8.1752 hat er hierzu notiert: *Wie glücklich bin ich! – Sie ist die beste unter allen Mädchen, die jemals gen Himmel gesehn haben. Sie ist meine Einzige! Mein, mein ist Sie, ganz mein! – O du, der du, auch hier schon, von bessern, der Namenlose genannt wirst, – mit ihr soll ich dich einst in deiner, uns dann nähern Herrlichkeit sehn.* Und an Meta schrieb er wenige Monate später: *Es dünkt mir als ob Du, meine Zwillingsschwester mit mir im Paradiese gebohren wärst. Gegenwärtig sind wir noch nicht da, aber wir werden dahin zurück kehren. Da wir hier schon so glücklich sind, wie viel mehr werden wir es dort seyn.*

Wie der nachstehende Auszug aus einem Brief Klopstocks an Bodmer vom 12.12.1752 zeigt, fühlte er sich wirklich als *die andere Hälfte* von Meta, denn – wie er darin andeutet – würde er bei einer weiblichen Reinkarnation wie sie sein und sie bei einer männlichen Verkörperung wie er: *Wenn ich ein Mädchen wäre, würde ich sie seyn; und sie würde ich seyn. Das ist so gewiss, als nur irgend die älteste Wahrheit seyn kann. O, in unaussprechlichen Stunden, in Stunden der vollen Glückseligkeit, ist sie: Mein Mädchen; ... meine Freundin; mein Freund; meine Schwester; meine Braut! alles auf einmal, oder jenes besonders, wie es die Liebe wollte, gewesen.* Wie sehr er sich mit ihr identifizierte und wie sehr er sich, um es noch einmal hervorzuheben, als ihre andere Hälfte fühlte, zeigt eine andere Stelle aus demselben Brief: *Manchmal denke ich, sie ist ich, und dann getraue ich mich nicht von ihr zu reden.*

Klopstock bezeichnete seine Meta als *die nächste Verwandte in der Schöpfung.* Meta schrieb ihrerseits am 14.1.1754 an Frau Giseke: *O wie wohl wählt der, der für uns gewählt hat! Der unsre Geliebten, so weit von uns gebohren werden ließ, dass wir sie nicht kannten, und sie uns hernach so ferne her führt!*

Meta hatte längst erkannt, dass wahre Liebe im Einklang mit Gott steht, und nicht – wie uns diejenigen glauben machen wollen, die ein zölibatäres Leben fordern – im Gegensatz dazu. Bezüglich dieser Thematik schrieb sie am 24.11.1752 an Klopstock: *Ehe ich von Dir geliebt wurde, fürchtete ich das Glück. Mir war bange, dass es mich von Gott zerstreuen möchte. Wie sehr irrte ich mich! ... eine Glückseeligkeit wie die meine, kann mich nicht von Gott zerstreuen (oder ich müste gar nicht fähig seyn, eine solche Glückseeligkeit zu genießen) sie nähert mich ihm vielmehr. Die Rührung, der Dank, die Freude, alle Empfindungen der Glückseeligkeit machen meine Anbetung noch feuriger.*

So sehr Klopstock seine Meta auch immer wieder als seine einzig wahre Seelengefährtin bezeichnete, darf man doch nicht die Tatsache übersehen, dass er ähnliche Empfindungen bereits in Bezug auf seine Kusine Fanny hatte. Hierauf wurde Klopstock übrigens auch von Christoph Martin Wieland, dem Verfasser der im vorangegangenen Kapitel vorgestellten *Geschichte des Agathon*, in dessen Schreiben vom 22.04.1753 hingewiesen: *Die Nachrichten, die ich von Ihrer glücklichen Liebe habe, können mir nicht gleichgültig seyn. Ich erfreue mich, Sie nun so glücklich zu wissen, wie ich ehmals herzlich mit Ihnen weinte da Sie in einer Ode an Dafne so rührend und edel trauerten. Dennoch müssen Sie mir erlauben, dass ich in dem Gedanken stehe, die liebenswürdigste unter allen Töchtern Eva's könne die Sympathie nicht wegnehmen, die*

Sie mit Fanny verband. Ich kann nicht glauben dass Sie sich sollten so lang und so sehr haben selbst hintergehen können oder vielmehr dass die Natur Sie sollte so hintergangen haben, da sie Ihnen so ungemeine Empfindungen für Fanny einpflanzte, wie die Ode an Gott ausdrückt, eine Liebe von der man ohne Hyperbole sagen kann, sie sey stark wie Tod. Ich sehe mich also genötiget hier etwas unbegreifliches anzunehmen und zu glauben, dass wenigstens in der Auferstehung diese zwoo Seelen die die Natur einander bestimmte, sich erkennen werden.

Friedrich Schelling und Caroline Michaelis

Schelling (27.1.1775–20.8.1854), der als großer Kenner von Naturwissenschaft und Philosophie diese beiden Themengebiete in der von ihm kreierten Naturphilosophie vereinte, hatte sich bisher ausschließlich auf geistigem Gebiet betätigt und noch keinerlei Erfahrungen mit dem anderen Geschlecht gesammelt, als er im Alter von 23 Jahren die elfeinhalb Jahre ältere Caroline Schlegel (geborene Michaelis; 02.9.1763–07.9.1809) kennen lernte, die zu diesem Zeitpunkt in zweiter Ehe mit Wilhelm Schlegel – dem älteren Bruder von Friedrich Schlegel – verheiratet war. Diese Ehe muss jedoch aus Sicht der Caroline als eine klassische *Vernunftehe* bezeichnet werden, weil sie Wilhelm nur heiratete, um sich selbst und ihrer Tochter Auguste aus erster Ehe ein Zuhause zu geben.

Während Schlegel immer nur ein guter Freund für sie war – und wie sie später meinte, es auch immer hätte bleiben sollen – wurde sie bald von einer großen Liebe zu Schelling erfüllt, die sie sich zunächst jedoch – wohl mit Rücksicht auf ihre Ehe – nicht eingestehen wollte. Nachdem der enttäuschte Schlegel aber andere Liebesaffären eingegangen war und die wenig zufriedenstellende Ehe mit Caroline auch für ihn an Bedeutung verloren hatte, ließen sich die beiden in gegenseitigem Einvernehmen scheiden. Nur knapp sechs Wochen später, am 26.6.1803, gab Caroline bereits zum dritten Mal ihr Ja-Wort. *Zum ersten Male geschah es mit ganzer Seele, mit allen Sinnen, ohne jeden inneren Vorbehalt* (11) und wir erinnern uns insofern an die in diesem Kapitel behandelte vierte Eheschließung Humphrey Bogarts. *Schelling gegenüber war Caroline ein erstes und einziges Mal eine unbegrenzt, vorbehaltlos und ausschließlich Liebende.* (12) Caroline zeigte sich *auf einer andern höheren Stufe ..., zu der sie, zum ersten Mal im Leben wahrhaft liebend, durch Schelling geführt wurde.* (13) Auch Schelling seinerseits wurde *von ihrer Liebe, ihrem starken Glauben an ihn, der von außen nicht anfechtbaren Art Carolinens gestützt und bewahrt.* (14) *Versinkt jedem Menschen mit dem Geliebten eine Welt, so entschwand Schelling zugleich das Du, mit dem er Höhe und Tiefe, Aufschwung und Absturz durchmessen. Caroline ... besaß zugleich die Kraft, zu heilen und die entstandenen inneren Spannungen ins Positive, ins Schöpferische zu wenden.* (15)

Über ihre innige Verbundenheit mit Schlegel schrieb Caroline am 19.8.1804 an Meta Liebeskind: *Der Tod ist eine himmlische Hoffnung ... und Sie wissen, wer mir nicht bloß ein zeitlicher Gefährte ist.*

Obwohl Schlegel ihren frühen Tod nach nur sechs

Jahren Ehe vermutlich niemals verwunden hat, bedurfte seine Seele doch – wir erinnern uns an Novalis! – einer weiblichen Partnerin, die er in Pauline Gotter fand. Trotz der bis zu seinem Tode währenden zweiundvierzigjährigen Ehe mit Pauline hatte er Caroline nie vergessen. Das beweist unter anderem auch die Tatsache, dass er seine beiden erstgeborenen Töchter nach seiner ersten Frau benannte: Caroline und Clara. Dieser zweite Name war einst ein Deckname für seine geliebte Caroline aus einem Clara betitelten Fragment, in dem es u. a. heißt: *Das Band einer wahrhaft göttlichen Liebe ist unauflöslich wie das Wesen der Seele, in dem es gegründet ist, ewig wie ein Ausspruch Gottes.*

Seine innige Verbundenheit – und sein Glaube an ein *ewiges Band* – mit Caroline brachte Schlegel auch kurz nach ihrem Tode in einem Brief an Luise Gotter, seine spätere Schwiegermutter, zum Ausdruck, in dem es heißt: *Gott hatte sie mir gegeben, der Tod kann sie mir nicht rauben. Sie wird wieder mein werden, oder vielmehr sie ist mein auch in dieser kurzen Trennung.* Auf dem Sandsteinobelisken über ihrem Grab ließ er die folgenden Worte einmeißeln: *Ruhe sanft, du fromme Seele, bis zur ewigen Wiedervereinigung.*

Abaelard und Héloise

Die Beziehung von Abaelard (1079–1142) und Héloise (1099–1164) ist in ihrer Tragik und Intensität den Menschen in den folgenden Jahrhunderten immer wieder nahegegangen und noch heute – nach mehr als 850 Jahren – unvergessen.

Abaelard war auf den Gebieten der Philosophie und Theologie sehr bewandert und insofern durchaus nicht immer im Einklang mit den Ansichten seiner geistlichen Lehrer. Während er sich mit seinem eigenständigen Denken bei vielen seiner Lehrer unbeliebt machte, brachte ihm diese freidenkende Art bei seinen Schülern dafür einen um so größeren Ruhm ein. Immer mehr Studenten strömten zu seinen erfrischenden Vorlesungen, die so anders waren als die einstudierten und emotionslos vorgetragenen Reden der übrigen Lehrerschaft.

Nachdem Abaelard etwa 38 Jahre lang ein rein geistiges Leben ohne jegliche Beziehung zum anderen Geschlecht geführt hatte, lernte er 1117 die zwanzig Jahre jüngere Héloise kennen, die nicht nur die Nichte des Domherrn Fulbert war und in dessen Haus lebte, sondern auch als sehr intelligent galt. Zu ihrer philosophischen Fortbildung wurde Abaelard in Fulberts Wohnsitz aufgenommen und erhielt alle Vollmachten eines Lehrers – einschließlich die der Züchtigung.

Zwischen beiden entbrannte von Anfang an eine tiefe und leidenschaftliche Liebe und Zuneigung. Über seine anfänglichen Eindrücke von Héloise hielt Abaelard – als er noch nicht in Fulberts Haus aufgenommen war – in einem seiner Briefe einmal die folgenden Worte fest: *Die Liebe zu Héloise durchglühte mich, und ich suchte nur noch Mittel und Wege, tagtäglich in ihrer Häuslichkeit zu verkehren und so das junge Mädchen zu zähmen, um sie ganz bequem mir gefügig zu machen.* Und über seine Zeit mit Héloise in Fulberts Domizil führte er in demselben Brief weiter aus: *Der Hausgemeinschaft folgte die Herzens-*

gemeinschaft! Während der Unterrichtsstunden hatten wir vollauf Zeit für unsere Liebe; und wenn Liebende sich wohl nach einem stillen Fleck sehnen, wir brauchten uns dafür nur zur Versenkung in die Wissenschaften zurückzuziehen. Die Bücher lagen offen da, Frage und Antwort drängten sich, wenn die Liebe das bevorzugte Thema war, und der Küsse waren mehr als der Sprüche. Meine Hand hatte oft mehr an ihrem Busen zu suchen als im Buch, und statt in den wissenschaftlichen Textbüchern zu lesen, lasen wir sehnsuchtsvoll eins in des anderen Auge.

Als Fulbert nach einigen Monaten von dieser Beziehung Wind bekam, wurde Abaelard schnurstracks aus dem Haus verwiesen. Doch die gewaltsame Trennung ließ die Liebe der beiden nur noch stärker werden, und als Abaelard bald von der Schwangerschaft seiner Freundin erfuhr, entführte er sie kurzerhand zu seiner Schwester in die Bretagne, wo sie ihren gemeinsamen Sohn Astrolabius gebar.

Als Wiedergutmachung des Vergangenen vereinbarte Abaelard mit Fulbert, dass er Héloise ehelichen werde. Doch mit Rücksicht auf seine höhere Berufung lehnte Héloise die Eheschließung zunächst ab: *Du bist so richtig versunken in Deine theologischen oder philosophischen Gedankengänge, da fangen die kleinen Kinder an zu quäken.* Auch wollte sie, dass Abaelard durch die sich frei schenkende Liebe an sie gebunden sei statt durch die drückende Ehefessel. Doch Abaelard bestand auf der Hochzeit, und Héloise willigte schließlich ein. Ihre Ehe war jedoch eine sehr außergewöhnliche, wie Abaelard uns wissen lässt: *Nach der Trauung ging jedes still seiner Wege, und wir sahen uns auch später nur selten und ganz verstohlen, um unseren Schritt möglichst geheimzuhalten.*

Obwohl Abaelard, unter Berücksichtigung seiner höheren Berufung, von Fulbert die Geheimhaltung dieser Ehe zugesichert war, hielt sich dieser nicht an sein Versprechen und machte darüber hinaus Héloise das Leben so schwer, dass Abaelard sie ein zweites Mal entführte und diesmal ins Kloster zu den Nonnen von Argenteuil brachte. Hierin sahen Fulbert und seine Verbündeten einen Verrat an der Ehe und nahmen eines Nachts grausame Rache an ihm: Während er schlief, schlichen sie sich in sein Schlafgemach ein und entmannten ihn.

Abaelard flüchtete daraufhin ebenfalls in ein Kloster – anfangs mehr aus Gründen der Scham als durch innere Berufung. Nun waren also beide Liebende in unterschiedlichen Klöstern untergebracht. Auch Héloise war nicht aus innerer Berufung Nonne geworden, sondern ausschließlich aus Liebe zu Abaelard, der sie ganz offensichtlich zu diesem Schritt gedrängt hatte, wie Héloise uns in einem ihrer an Abaelard gerichteten Briefe wissen lässt: *Dir zu gefallen liegt mir mehr am Herzen als Gott zu gefallen. Dass ich den Schleier nahm, es geschah nicht aus Liebe zu Gott, es geschah nur auf Dein Gebot. ... Auf alle Freuden dieser Welt habe ich verzichtet, um Deinem Willen gehorsam zu sein; ich habe alles vorbehaltlos dahingegeben und mir nur das Eine vorbehalten, gerade durch diese Hingabe ganz die Deine zu werden.*

Über ihre Verbundenheit zu Abaelard schrieb sie ihm: *Andere Frauen bilden sich den Besitz des Vollkommenen nur ein; dass ich es besaß, war vollste Wirklichkeit. Was andere Frauen in ihren Gatten zu haben glaubten, ich brauchte es von Dir nicht zu glauben, ich wusste die Wahrheit meines Besitzens und mit mir die ganze Welt! Die echte Tiefe meiner Liebe zu Dir gründete sich auf ihre Irrtumslosigkeit. ... Ich habe in dieser Welt nur einen Trost – Dich!*

Abaelard bezeichnete sie seinerseits als seine *einstige Gattin im Fleisch, jetzt Schwester im Geist und Mitkämpferin in dem Christus geweihten Heere!* Obwohl auf Erden infolge eigener Entscheidung getrennt, um auf dem spirituellen Pfad voranzuschreiten und sein Wissen an die zahlreichen interessierten Studenten weiterzugeben, hegte er doch die Sehnsucht, in der zukünftigen Welt mit Héloise dauerhaft vereint zu werden: *Du hast uns vereint, o Herr, und hast uns geschieden, wann und wie es dir gefallen. Vollende nun, o Herr, in deiner großen Barmherzigkeit, was du barmherzig begonnen: der du uns in der Welt einmal voneinander geschieden, vereine uns mit dir auf ewig in deinem himmlischen Reiche!*

Michelangelo und Vittoria Colonna

Auch der Beziehung von Michelangelo Buonarroti (6.3.1475–18.2.1564) und Vittoria Colonna, der Marchesa von Pescara (1492–25.2.1547), liegt eine tiefe Seelenverbindung zugrunde.

Diese Beziehung ähnelt insofern der zuvor behandelten Seelenpartnerschaft, als auch hier einerseits eine große Zuneigung zueinander bestand, sie andererseits aber auch die meiste Zeit freiwillig getrennt voneinander gelebt und gewirkt haben und sich vermutlich nicht allzu oft sahen. Der Grund für das grundsätzlich getrennt voneinander geführte Leben dürfte darin zu finden sein, dass Michelangelo – ähnlich wie Abaelard – sich ganz seiner höheren Aufgabe und seines von Gott gegebenen Talentes widmen wollte.

So hat Michelangelo einmal auf die Bemerkung eines mit ihm befreundeten Priesters, der es im Prinzip bedauerlich fand, dass Michelangelo keine Frau und insofern keine Kinder habe, denen er den Lohn seiner großen Mühsale hätte hinterlassen können, geantwortet: *»Ich habe fürwahr eine Frau, und dies ist die Kunst, die mich immerdar geplagt hat; und meine Kinder sind die Werke, die ich hinterlassen werde und die, auch wenn sie zu nichts gut sind, doch eine Zeitlang leben werden ...«*

Ein anderes Mal hatte Michelangelo vor Vittoria Colonna und einigen anderen Vertrauten den Grund für seine selbstgewählte Zurückgezogenheit, und warum er in der Einsamkeit am besten produktiv tätig sein konnte, erklärt: *»Die vortrefflichen Maler sind ... nicht etwa aus Stolz wenig umgänglich. Sie finden eben nur selten der Malerei würdige und gleichgesinnte Geister. Auch wollen sie durch das hohle Geschwätz Müßiger ihren Geist nicht von den hohen Gedanken abgelenkt wissen, durch die sie ständig bezaubert werden ...«*

Diese Worte Michelangelos beziehen sich vielleicht weniger auf seine eigentliche Tätigkeit als Maler als auf seine spirituelle Gesinnung, denn der tiefere Sinn dieser Botschaft ist den Menschen, die sich ganz – oder zumindest zu einem großen Teil ihrer Zeit – der spirituellen Suche widmen und um eine ebensolche Lebensführung bemüht sind, nur allzu vertraut; und wird unter anderem von Sokrates bestätigt, der sagte: *»Denn* *wer in Wahrheit seinen Geist auf das Seiende gerichtet hält, hat ja auch ... gar keine Zeit, herniederzublicken auf das Treiben der Menschen und im Kampf mit ihnen sich mit Neid und Feindschaft zu beladen; ...«* (vgl. Dualseelen, Zitat Nr. 8, S. 150). Auch die anderen großen Botschafter des Lichtes haben diesen Sachverhalt immer wieder betont. Ganz in diesem Sinne heißt es in der oben erwähnten Erklärung Michelangelos weiter: »*Weshalb wollt Ihr ihn zu jenen sinnlosen Nichtigkeiten herabziehen, die seine schöpferische Ruhe stören? Wisst Ihr nicht, dass es Wissenschaften gibt, die den ganzen Menschen beanspruchen und ihm keine freie Minute für Eure Müßiggängerei lassen? ... Ich möchte behaupten, dass derjenige kein außergewöhnlicher Mensch ist, welcher der unwissenden Masse, nicht aber seiner Berufung dient, ebenso wenig wie jener, der nichts »Einzelgängerisches« ober »Absonderliches« an sich hat, oder wie Ihr es sonst zu nennen beliebt. Die gewöhnlichen und alltäglichen Geistesgrößen kann man ohne Laterne auf den Marktplätzen der ganzen Welt finden.«*

Michelangelo lernte Vittoria Colonna – die aus einem der damals angesehensten Geschlechter Italiens stammte und nach dem Tode ihres Gatten Ferrante d'Avalos, im Jahre 1525, ein sehr zurückgezogenes Leben führte, das fortan der Religion und Dichtung sowie der Hilfe der Armen gewidmet war, und das sie in einen regen Kontakt mit Gelehrten, Dichtern und anderen Künstlern brachte – irgendwann zwischen 1535 und 1538 kennen (die Mitteilungen hierüber sind sehr widersprüchlich) und beide verband eine enge Freundschaft, die bis zu ihrem Tode im Jahr 1547 währte. Zudem ist es nach Mitteilungen seiner Biographen die einzige Freundschaft Michelangelos zu einer Frau, von der man weiß.

Sein Biograph Ascasio Condivi schreibt in *Vita di Michelangiolo Buonarroti über die tiefe Verbundenheit dieser beiden Seelen: Insbesondere liebte er die Marchesa von Pescara gar sehr, von deren göttlichem Geist er entflammt war, und von der er auch wieder innigst geliebt wurde. Von ihr besitzt er noch viele Briefe, voll ehrbarer und reinster Liebe, wie sie nur aus einem solchen Herzen hervorquellen können; wogegen wiederum auch er an sie allmählich zahlreiche Sonette gerichtet hat, die voll Geist und süßestem Verlangen sind. Sie brach mehrere Male von Viterbo und anderen Orten auf, wohin sie zur Erholung und zum Sommeraufenthalt gegangen war, und kam nach Rom aus keinem anderen Grund, als um M. zu sehen. Und er wiederum brachte ihr solche Liebe entgegen, dass ich mich erinnere, ihn sagen gehört zu haben, nichts schmerze ihn mehr, als dass er sie beim Besuch auf dem Sterbebette nicht mehr auf die Stirn oder das Gesicht geküßt habe, wie er ihr die Hand geküßt. Über ihren Tod war er oftmals genug in sich verloren und wie von Sinnen.*

Und Heinrich Koch fügt hinzu: *Viele Briefe und Gedichte Michelangelos ... sind unvergängliche Zeugnisse der einzigartigen menschlichen Beziehung zwischen den beiden edlen Naturen.* (16)

Michelangelo hat in einer seiner ihr gewidmeten Sonette zum Ausdruck gebracht, dass er erst durch ihre Bekanntschaft zu seinen besten Werken inspiriert wurde; dass er vorher nur sein *eigen Modell* schuf, um *durch dich erst, Herrin, neu geartet, in höherer Vollendung mich zu zeigen.* Um 1540 brachte er in einem an sie gerichteten Brief zum Ausdruck, dass er *den Wunsch hege, mehr für Euch zu tun als für irgendeinen Menschen, den ich je auf dieser Welt gekannt habe.*

In einer anderen Biographie über diesen bemerkenswerten Geist lesen wir über seine Beziehung zu Vittoria Colonna: *Es ist gewiss, und innigste poetische Dokumente sagen es aus, dass die Liebe zu der Frau, die er »ganz ohne Fehle« sieht und die er als seines »brüchigen Lebens Herz und Seele« erwählt, dass diese keusch und edelmütig erwiderte Hingabe ihm herrlichste Erhebung, die feierlichste Vermählung der Sinne mit dem Geistigen und Ewigen geschenkt hat, ein Glück, das, wie sein Hochsinn es durchaus verlangt, nicht erdwärts, sondern himmelwärts zieht.* (17)

Ein ihr gewidmetes Gedicht soll diesen Sachverhalt verdeutlichen:

Die Liebe, die ich meine, will reiner werden;
schlecht ziemt's dem männlich weisen Herzen, innen
zu hegen, Herrin, jenes glühende Scheinen.
»Die« zieht zum Himmel, »jene« zu der Erden,
»die« wohnt im Geiste und »jene« in den Sinnen,
nach niederen Dingen zielt sie und gemeinen.

Den Tod dieser Frau, die er als seine *Gefährtin des Himmels* bezeichnete und von der er in einem Gedicht schrieb, sie habe ihm *Freuden tausendfach gegeben*, hat er nie verwunden. In einem seiner Sonette schrieb er in ihrem Andenken:

Gib mir die Tage wieder, wo mein Lieben
und Sehnen ungebändigt in mir glühte,

gib jenes Engelsbild, das früh verblühte.
Was, da es schwand, ist dieser Welt geblieben?

Aus dieser Ernüchterung heraus wohl *bittet er die ferne Heilige, sie möge, sofern sie im Himmel Macht habe wie hier, seinen schweren, unsterblichen Leib ganz zum Auge machen – »del mio corpo tutto un occhio solo« –, damit er sie ewig sehen könne.* (18)

Francesco Petrarca und Laura Noves

Eine tiefe und sein ganzes Leben lang andauernde – aber zumindest auf Erden unerfüllte, und möglicherweise sogar unerwiderte – Liebe entbrannte in Francesco Petrarca (20.7.1304–19.7.1374) zu der verheirateten Laura de Sade, geborene Noves (1307–1348), als er sie am Karfreitag, dem 6.4.1327, in der Kirche Santa Chiara zu Avignon erstmals erblickte. Seit jenem Tage nahm sie alle seine Sinne und seine Seele gefangen. Petrarca widmete ihr in der Liedersammlung seines *Canzoniere* zahlreiche Sonette, die seit dem 16. Jahrhundert lange Zeit als Vorbild für die Liebeslyrik (Petrarkismus) galten. Wie einige dieser Verse zeigen, glaubte er in Laura sein Dual zu erkennen: *Euch war schon vor Zeiten mein Herz geweiht, heut fühl' ich, wie es brennt, und meine Seele kennt ein anderes Wollen oder Wünschen nicht.* Und an anderer Stelle bringt er seine Überzeugung zum Ausdruck, dass Laura und er *geschwisterlich, sie mir voran, einer Geburt entstammen.* (19)

Ob er sie jemals näher kennen gelernt hat, ist nicht

bekannt, aber auch nicht sehr wahrscheinlich. Diese zu einer ihm doch so relativ unbekannten Frau entbrannte Liebe und die ihr gewidmeten Sonette erinnern stark an Emotionen und Werke seines Vorgängers und Zeitgenossen Dante, der der von ihm so abgöttisch geliebten Beatrice in seiner *Göttlichen Komödie* ein Denkmal gesetzt hat. Dennoch gibt es zwischen beiden auch einige Unterschiede in der Art der Dichtung und Verehrung, die uns Hanns W. Eppelsheimer wie folgt erklärt: *Die Gegenüberstellung der »Divina Commedia« und des »Canzoniere« erweist diese Schöpfungen als Ausfluss zweier diametral entgegengesetzter künstlerischer Haltungen. Dantes Dichtung wurzelt im Glauben an seine göttliche Sendung; sie dient einer Idee. Dem Petrarca ruht Dichtung selbstherrlich in sich selbst; sie hat keinen »Zweck« als schön zu sein. ... Dantes Dichtung ist des Gottes: sehnsüchtig, maßlos, unendlich; ihre Sehnsucht ist der Gott. Petrarcas Dichtung ist des Menschen; sie bedeutet: Erfüllung, Endlichkeit und Maß; ihr Maß ist der Mensch.* (20) Beiden gleich ist aber, dass sie sich ihrer Liebe zu Laura bzw. Beatrice sicher waren und jeden Verdacht einer Sinnlichkeit in dieser Liebe stets mit Nachdruck von sich gewiesen haben. Beide waren in der spirituellen Liebe nur dieser einen Frau treu (wie auch Agathon der Psyche), obgleich sie doch Liebschaften mit anderen Frauen hatten, die ihnen – obwohl Petrarca hierdurch sogar zum zweifachen Vater gemacht wurde – im Grunde aber nichts bedeuteten und für die sie sich später schämten (wie den Agathon seine Beziehung zu Danae später reut). In seinem *Brief an die Nachwelt* hat Petrarca es so formuliert: *Ich wünschte sagen zu können, dass ich mich von Ausschwei-*

fungen rein gehalten habe; ich kann es nicht, ohne zu lügen. Aber das darf ich offen sagen, dass ich jenes niedrige Laster, wenn mich auch Jugendglut und Fleischesschwäche dazu verführten, tief im Innern stets verabscheut habe. Und bald darauf, seit meinem 40. Lebensjahre, da ich noch genug Leidenschaft und Kraft besaß, habe ich nicht nur jede unzüchtige Tat, sondern auch jeden Gedanken daran so fern von mir gehalten, als hätte ich nie ein Weib angeschaut. Und ich halte dies für mein höchstes Glück, Gott dankend, dass er mich noch immer, trotz Gesundheit und Kraft, vor einer so niedrigen und mir immer verhassten Sklaverei bewahrt hat.

Nachdem Laura am 6.4.1348 – also auf den Tag genau 21 Jahre nachdem Petrarca sie erstmals gesehen hatte – als ein Opfer der damals wütenden Pest verstorben war, hatte Petrarca – wenn man die entsprechenden Verse in seinem *Canzoniere* autobiographisch deuten darf, was allem Anschein nach zu vermuten ist – wie Novalis den Wunsch, der von ihm so innig geliebten Frau schnellstmöglich nachzusterben. Dort heißt es unter anderem: *Zum Himmel strebt mein Denken und Beglücken, weil ich sie bitten höre, dass ich eile.* Und an anderer Stelle: *O glücklich jener Tag, da ich entflieh der Haft des Irdischen, und aus dem Kleide, das ich hier trage, löse ich mich gern, und aus so dichter Finsternis ich scheide, dass froh empor ins heitere Licht ich zieh, zu schauen meine Herrin bei dem Herrn.* (21)

Die drei Arten der aufrichtigen Liebe

Gerade im Hinblick darauf, dass Dante und Petrarca die von ihnen so innig geliebten Frauen Beatrice und Laura vermutlich niemals näher gekannt haben und man auch keinerlei Kenntnis darüber hat, was Beatrice und Laura ihrerseits für die so intensiv Liebenden empfanden, sehe ich mich an dieser Stelle veranlasst, eine kurze Abhandlung über die *Drei Arten der aufrichtigen Liebe* einzuschieben.

Abgesehen von den rein leidenschaftlichen Zuneigungen, die hier nicht unser Thema sind, gibt es drei Arten der *wirklichen* Liebe. Von diesen beruhen zwei Arten auf einer Illusion, während nur die dritte Art die *wahre* Liebe darstellt. Man kann diese drei Arten der aufrichtigen Liebe auch auf eine andere Weise unterscheiden: Zwei Arten hiervon sind beidseitig, während eine Art hiervon nur einseitig ist.

Eine einseitige Liebe, die auf keinerlei Erwiderung stößt – und zwar nicht nur zum gegenwärtigen Zeitpunkt, der ja vergänglich ist – beruht auf einer einseitigen Illusion. Wer dies frühzeitig erkennt und seine Gefühle für das einseitig geliebte Wesen zum Abklingen bringen kann, dem bleibt so manches Leid erspart. Wenn nicht andere Gründe dagegen sprechen – zum Beispiel die aus finanziellen Erwägungen vollzogene Ehe einer ärmeren und nicht liebenden Frau mit einem gutsituierten Mann, der einseitig liebt – bleibt dem Liebenden aber in der Zukunft doch einiger Kummer erspart, da er – aus Gründen der unerwiderten Liebe

– keine Gelegenheit hatte, sich infolge seiner Illusion unglücklich zu verheiraten. Auch vermag man bei einer rein einseitigen Liebe – nicht dagegen aber, wenn die Liebe aus irgendwelchen Gründen zwar äußerlich nicht erwidert wird, aber im Innern doch vorhanden ist – sofort zu erkennen, dass es sich in diesem Fall keineswegs um Dualseelen handeln kann. Die einseitig geliebte Person wird vermutlich auch kein Seelengefährte oder Seelenpartner aus vergangenen Inkarnationen sein; dies kann aber nicht generell ausgeschlossen werden: Möglicherweise wird in einer Seele eine vergangene Liebe wiedererweckt, die von der einstmals geliebten Seele aber nicht mehr erwidert wird, weil die vergangene Liebe für diese Seele beendet ist und nicht mehr auflebt. Eine einseitige Liebe kann unter anderem dadurch entstehen, dass wir in dem geliebten Wesen eine Person wiederzuerkennen glauben, mit der wir einstmals durch das *Band der Liebe* verbunden waren. Hat zwischen diesen beiden Seelen in der Vergangenheit tatsächlich einmal ein solches Band bestanden, das nun aber nicht mehr existiert, so ist aus einer ehemals beiderseitigen Liebe eine einseitige Liebe geworden.

Bei der beiderseitigen Liebe kann es sich um wahre Liebe handeln (wie wir diese auch immer definieren wollen: Im weitesten Sinne können wir dies bei jeder bis zum Lebensende andauernden Beziehung annehmen, die für beide Seiten überwiegend glücklich zu nennen ist. Im engsten Sinne kann dies nur die Liebe zwischen Dualseelen sein, weil nur diese wirklich zusammengehören.) oder aber um eine beiderseitige Illusion.

Eine beiderseitige Liebe, die auf einer Illusion beruht,

entsteht zum Beispiel dadurch, dass beide im Gegenüber einen Partner aus einer vergangenen Inkarnation zu erkennen glauben (oder auch tatsächlich erkennen und es kann sich hierbei sogar um einen *karmischen Seelengefährten* handeln, wie wir gleich noch sehen werden) oder schlichtweg irgendwelche Gemeinsamkeiten entdecken. Wenn nun einer dieser beiden Partner aus seiner Illusion *erwacht* (d. h. er erkennt, dass diese Liebe doch nicht das ist, was man anfangs angenommen hatte), besteht – unabhängig davon, ob die Beziehung fortgesetzt wird oder nicht – fortan nur noch eine einseitige *illusionäre* Liebe, wie oben dargestellt. Erwachen beide Partner aus ihrer Illusion, ist das Band der Liebe vollends zerrissen. Hieraus folgt entweder die Trennung oder eine Fortsetzung der Beziehung, die aber ohne Liebe ganz andere Qualitäten hat als die frühere Partnerschaft, in der beide Seelen in Liebe miteinander verbunden waren. Wie bereits angedeutet, kann auch eine über viele Inkarnationen andauernde Liebesbeziehung zweier karmischer Seelengefährten einmal enden. Eine solche Liebesbeziehung ist im Prinzip auch nur eine *lang andauernde beiderseitige Illusion* zu nennen, die irgendwann einmal zerbricht; die letztendlich irgendwann zerbrechen muss, um wieder die wahre Seelenverbindung einzugehen – die Partnerschaft mit der Dualseele, die als einzige dieser drei Arten der Liebe (zwischen den Geschlechtern) nicht auf einer Illusion beruht.

Ein hochentwickeltes Dualseelenpaar

Abschließen möchte ich dieses Kapitel mit der Vorstellung eines auf dem spirituellen Pfad weit vorangeschrittenen Dualseelenpaares, das anonym bleiben muss, da die Identität des Verfassers niemals bekannt gegeben wurde. Das zuletzt männlich verkörperte Dual ist bekannt als *Der Eremit*.

Habe ich zu Beginn dieses Kapitels – unter Bezugnahme auf die unter Nr. 4 (*Dualseelen*, S. 156) zitierte Feststellung von Bo Yin Ra – noch darauf hingewiesen, wie leicht man sich täuschen kann, wenn man meint, seine Dualseele gefunden zu haben oder ihr noch nicht begegnet zu sein, so möchte ich an dieser Stelle anhand von Zitat Nr. 3 (hier legt Bo Yin Ra dar, dass auf der Erde nur geistig völlig Erwachte mit Sicherheit wissen, ob sie ihrer Dualseele begegnet sind oder nicht; ebd.) ein solch fortgeschrittenes Seelenpaar nennen, das sich diesbezüglich absolut sicher sein konnte.

Der *Eremit*, dessen Lebenserfahrungen auf dem spirituellen Pfad in dem gleichnamigen Buch veröffentlicht wurden (St. Goar, 1993), wandte sich Anfang Mai 1940 anonym an den Schriftleiter einer deutschsprachigen Zeitung im Mittelwesten der USA und verriet ihm in seinem Brief: *Ich bin zweifelsohne der älteste Leser dieser Zeitung, nämlich über 94 Jahre alt. Ich wohne hier im südwestlichen Teile von Montana auf einer kleinen Farm, die fast ganz abgelegen ist von jedem Verkehr. Tatsächlich bekomme ich beinahe das ganze Jahr hindurch keinen Fremden zu sehen, außer ich fahre mit meinem alten Ford nach der nächsten kleinen Stadt, um mir die wenige Post, die ich bekomme, abzuholen...* Im weiteren Text beschrieb er dann in groben Zügen seinen Lebensweg: Als er im deutsch-französischen Krieg (1870/71) schwer verwundet wurde, verließ er Deutschland, um irgendwo Heilung für seine Verwundung zu finden. Er reiste zunächst durch Nordafrika und kam schließlich nach Indien wo er die Bekanntschaft eines indischen Philosophen und »Heiligen« machte. Durch ihn kam er in Kontakt mit der *Weißen Bruderschaft* und wurde mit dem Meister Z bekannt. An dessen Stätte verbrachte er viele Jahre seines Lebens, wurde zu *Bruder Arno* und erlangte höchste spirituelle Reife. Hier war es auch, wo er zum ersten Mal über das tiefere Geheimnis der Dualseelen informiert wurde. Die ihm hier gegebenen Informationen, die die Teilung und Verschmelzung der Geschlechter betreffen, wollen wir uns im Zusammenhang mit unserer Thematik etwas näher betrachten.

Über die Teilung der Geschlechter wurde er wie folgt informiert: *Zunächst erst mal darfst du nicht vergessen, dass sich die Zweiteilung in zwei verschiedene, sich aber ergänzende Geschlechter, durch die ganze Schöpfung hindurchzieht. Wer die »Meisterschaft« erreicht hat, ist insofern über das auf Erden so Wesentliche und Unterschiedliche der Geschlechter hinaus, dass er auch den Geschlechtstrieb als solchen »gemeistert« hat. Wohlverstanden »gemeistert«, aber nicht etwa verloren oder eingebüßt. Die »Meisterung« besteht darin, dass jeder »Meister«, ganz gleich ob männlichen oder weiblichen Geschlechts, ganz harmlos mit- und nebeneinander leben und existieren kann, wie wir gewöhnlichen Sterblichen das ja auch tun als Bruder und Schwester, als*

Sohn und Mutter, als Vater und Tochter. ... Das Verhältnis der Geschlechter auf der Basis und dem Niveau der »Meisterschaft« ist echte, wahre Freundschaft und wahre Kameradschaft, also von der Art der wirklichen Bruderschaft im Geiste.

Anschließend erfolgte in diesem Zusammenhang noch eine Belehrung über die Verschmelzung der Geschlechter: *Die Verschmelzung der Geschlechter auf der Basis der »Meisterschaft« findet auch statt, allerdings freilich anders als unter gewöhnlichen irdischen Verhältnissen. Die Verschmelzung der Geschlechter auf der Basis der »Meisterschaft« ist die gleiche, wie die Verschmelzung der Geschlechter im Himmel, wo bekanntlich erst die »wahren Ehen« geschlossen werden. Die Vereinigung der Geschlechter als »Meister« oder »im Himmel« besteht darin, dass der negative, also der weibliche Teil, vollständig in eines verschmilzt mit dem männlichen Teil der Wesenheiten zu »einer Wesenheit« im Denken, Handeln und Schaffen. Kurz, es ist ein Zustand der allerhöchsten Harmonie, wie wir sie uns kaum vorzustellen vermögen. Der negative Teil gibt nach und veranlasst durch dieses Nachgeben, dass der aktive Teil sich in seinem Handeln lenken und leiten lässt.*

Eine gewisse Zeit später wurde Bruder Arno, wie der Eremit jetzt genannt wurde, im Hoch-Himalaya während eines schweren Unwetters vom Blitz getroffen und sank bewusstlos zu Boden. Das folgende Erlebnis wollen wir uns mit seinen eigenen Worten betrachten: *Als ich wieder zu mir kam, lag ich ausgestreckt auf einem Lager in der Karawanserei, und neben mir saß jemand, der sich mit jemand anderem zu unterhalten schien. Dieser hielt sein Gesicht abgekehrt von mir. Die Person hielt jedoch meine*

Hand. Es war eine weiche Hand, und es war mir, als ob ein besonders warmer Strom von dieser Hand ausging. Bruder Arno war jedoch so müde, dass er schnell wieder einschlief. Als er nach langem Schlaf wieder erwachte, fragte er den Bruder Xerx, der sich mit jener Person, die seine Hand hielt, unterhalten hatte, wer diese Person gewesen sei. Xerx erklärte ihm: *Es war dein »zweites Ich«. Es war deine letzte Frau von deiner früheren Reinkarnation auf dem anderen Planeten, wo du mit Meister Z so eng befreundet warst, eure Wege sich dann aber durch deine Heirat trennten. ... Sie gehört dem Frauenkloster an, wo wir eine Nacht blieben, ehe wir hierher weiterzogen.* Bruder Arno war nun natürlich sehr interessiert, sein »zweites Ich« von Angesicht zu Angesicht zu sehen, und Bruder Xerx konnte ihm versichern, dass er sie kurz vor ihrer Weiterreise in eine andere Karawanserei zu Gesicht bekäme. Dies war drei Tage später der Fall:

Wir machten uns langsam fertig zum Abmarsch, und gegen Mittag waren wir bereit und warteten nur auf Bruder Xerx, uns zum Losmarsch aufzufordern und voranzuschreiten ... Ich dachte gar nicht mehr daran, dass ich ja vor dem Weitermarsch meine ehemalige Frau sehen sollte. Gerade, als ich meine Last aufhob, fühlte ich mich am Arm berührt. Ich sah mich um und sah in ein ernstes Gesicht, das mich ruhig, aber sehr freundlich ansah. Ich war so erstaunt, dass ich nichts zu sagen vermochte und sah meinem Gegenüber ebenfalls in die Augen. Wir beide redeten nichts. Doch ein eigentümliches Gefühl überkam mich. ... Ich fühlte mich magnetisch angezogen und starrte wie gebannt dauernd in das sich mir zuneigende Antlitz.

»Lasst es damit für diesmal genug sein«, hörte ich eine

Stimme neben mir. Es war Bruder Xerx, der zu uns getreten war, mein Gegenüber leicht am Arm berührte und durch freundliches Kopfnicken bedeutete, mich nun allein zu lassen. Und ehe ich noch irgend etwas zu sagen vermochte, hatte sich meine ehemalige Frau auch schon wieder entfernt.

Während des Aufenthaltes in der nächsten Karawanserei kam Bruder Xerx auf den durch diese Begegnung immer noch verwirrten Bruder Arno zu und erklärte ihm, dass sein »zweites Ich« ihm in der spirituellen Entwicklung sehr weit voraus war und von einer Schönheit, die er sich überhaupt nicht vorzustellen vermochte, weil er diese noch nicht wahrnehmen konnte: *Wenn du erst so weit wie sie, also wie dein »zweites Ich«, vorgeschritten sein wirst, wird auch dein Äußeres, dein Körper, von einer fast überirdischen proportionellen männlichen Schönheit sein. Und hast du dein »zweites Ich« im Erkennen erst erreicht, so werdet ihr beide die »ewige Ehe« eingehen, die nie mehr getrennt werden kann, und ihr werdet dann euch einander so ähnlich sein im Äußeren und auch im harmonischen Handeln, dass ihr Fernstehenden oftmals als eine einzige Person erscheinen werdet, was ihr auch seid, wenn ihr in himmlischer Harmonie zusammenarbeitet. Aber ihr werdet beim Wirken nach außen hin trotzdem zwei Individualitäten bleiben, da ihr beide trotz größter Harmonie zwei kosmische Kräfte seid und bleibt, die in einer Einheit verkörpert sind, zwei kosmische Kräfte, die aber getrennt unbedingt nötig sind zum Wirken auf verschiedenen Daseins-Ebenen.*

Als Bruder Arno bei einer späteren Reise erneut in das Frauenkloster kam, begegnete er zum zweitenmal seinem dort lebenden »zweiten Ich«. Dabei überkam ihn eine gewaltige innere Erregung und es war ihm, als ob sich eine neue Welt vor ihm auftäte. Obwohl er nicht imstande war, jene Gefühle zu beschreiben, die ihn in jenem Augenblick erfasst hatten, verglich er diese doch am ehesten *mit jenen Gefühlen, die wir haben, wenn wir in Jugendjahren unsere erste Liebe erleben: das bloße Zusammensein mit der geliebten Person schien die Erfüllung jedes Lebenswunsches zu beinhalten. Man fühlte sich zu einer Einheit verschmolzen. Die ganze übrige Welt war nur noch Umrahmung für das unbeschreibliche Glück, mit dem geliebten Wesen vereint zu sein.*

Nun, so war mir plötzlich zumute, nur ungleich stärker, ungleich gewaltiger, ungleich aufrührerischer. Mein ganzes Inneres war in Aufregung, in einer unbeschreiblich glücklichen, nein, beseligenden Stimmung. Ich sah auf einmal überhaupt nur noch mein »zweites Ich«. Alles andere war verschwunden.

Wie uns in diesem Buch zwei Seiten später mitgeteilt wird, stand sein »zweites Ich« zu jenem Zeitpunkt kurz vor dem Abschluss ihrer Entwicklung in unserem Sonnensystem: *Mein »zweites Ich« konnte also als »Wiedergeborene« in die allergrößte Seligkeit eingehen, verzichtete jedoch darauf und erklärte, warten zu wollen, bis ich ebenfalls so weit wäre, was gar nicht mehr sehr lange dauern würde. Ich wehrte ab. Ich bat und flehte mein »zweites Ich« an, sich nicht aufhalten zu lassen durch mich.* Doch das wollte sie auf keinen Fall: *Nein! Ich verlasse dich nicht. Du bist ich und ich bin du! Wir beide sind eine Einheit. Ich warte. ... Ich werde dieses mein Leben, obgleich schon »wiedergeboren«, so lange fortsetzen, bis du das deinige abgeschlossen hast. ... Dann sind wir vereint und verlassen dieses ganze Wirkungsfeld für immer für größere Aufgaben, die wir dann aber zusammen ... fortsetzen.*

Im weiteren Verlauf ihres Gespräches erklärte sie ihm ferner, dass sie aber bis zu ihrer endgültigen Vereinigung nicht ganz getrennt sein würden, weil sie in seinen Träumen bei ihm sein werde (ein Tatbestand, der auch in einigen esoterischen Romanen zum Ausdruck kommt) und ihn unsichtbar ebenso bei seinen Studien unterstützen werde, denn: *Unser Schicksal ist von jetzt ab schon inniglichst seelisch und geistig verbunden.* Auch lässt sie ihn wissen, dass *ein himmelweiter Unterschied zwischen einer irdischen Ehe und einer solchen, die wir »Wiedergeburt« und »Wiedervereinigung zweier Ich« des positiven und negativen, des männlichen und weiblichen Teils des Ich, nennen, besteht, denn: Das ist dann die »Himmlische Ehe«, die unlösbar ist für alle Ewigkeit.*

Ein späteres drittes Treffen der beiden war zugleich ihr letztes. Sie verabschiedete sich von ihm mit dem schon einmal gegebenen Hinweis, dass ihre irdische Entwicklung so gut wie abgeschlossen sei (vermutlich stand sie kurz vor ihrem Tode) und erklärte ihm, dass sie im Jenseits auf ihn warten werde: *Wenn wir uns das nächste Mal sehen – in einigen Jahrzehnten –, wirst auch du soweit sein wie ich es jetzt bin, und ich erwarte dich in deiner Sterbestunde, wenn dein Ich in deinem Geistes- (nicht mehr Seelen-) Kleide deinem Körper entsteigt.*

Durch diese Belehrung ging in dem Manne, der uns hier so ausführlich von seinem spirituellen Werdegang berichtet, eine weitere Erkenntnis auf; nämlich die Tatsache, dass *das Verschmelzen zweier bisher durch gegensätzliche Einstellung getrennt existierender Wesenheiten zu einer Einheit tatsächlich den »Himmel« darstellt, weil dann Positiv und Negativ eben in eins verschmolzen sind, zu einer Einheit, die, wenn »wiedergeboren«, in den seligsten Gefilden der eigentlichen Seinswelt, von uns als »Jenseits« bezeichnet, nur noch, miteinander verschmolzen, in allervollster Harmonie schöpferisch tätig sind und, da über den Gegensätzlichkeiten des Seins stehend, eine einzige Individualität – wenn auch getrennte Persönlichkeiten – darstellt, der die kosmischen Kräfte des Seins zum Wirken in der Unendlichkeit des Raumes voll zur Verfügung stehen.*

Fazit

Dem aufmerksamen Leser wird vielleicht aufgefallen sein, dass selbst die den längsten Zeitraum umfassende Beziehung der insgesamt zehn hier vorgestellten Seelenpaare (die Partnerschaft von Elvis Presley und Priscilla Beaulieu berücksichtige ich hierbei aus den eingangs erwähnten Gründen, die wir aus eigener Schilderung des *King of Rock'n'Roll* vernommen haben, nicht) nur knapp dreizehn Jahre währte (Bogart und Bacall) und überhaupt nur in vier Fällen eine Ehe vollzogen wurde, wobei die Ehe von Abaelard und Héloise eigentlich nicht einmal berücksichtigt werden dürfte, da diese von Abaelard nur aus Gründen der Wiedergutmachung eingegangen wurde und beide nach ihrer Hochzeit getrennt voneinander lebten und sich nur selten sahen.

Ebenso wie Abaelard – mit Rücksicht auf seine höhere Berufung und spirituelle Weiterentwicklung – freiwillig auf ein Zusammenleben mit Héloise verzichtet hatte, war dies auch bei dem zuletzt behandelten *hochentwickelten Dualseelenpaar* der Fall, und darüber hinaus wahrscheinlich auch zu einem großen Teil ihres Lebens bei Michelangelo und Vittoria Colonna.

Als besonders tragisch (und tief ins Herz gehend) empfinde ich die – trotz beiderseitiger Liebe unerfüllt gebliebenen – Beziehungen von James Dean und Pier Angeli sowie von Friedrich Hölderlin und Susette Gontard.

Aus dem Rahmen unserer Betrachtungen fällt sicher die – möglicherweise rein einseitige – Liebe, die Francesco Petrarca für Laura de Sade empfand. Seit er sie erstmals gesehen hatte, hegte er für den Rest seines immerhin noch 47 Jahre währenden Lebens tiefe Gefühle für Laura, obgleich er sie allem Anschein nach niemals näher kennengelernt hatte.

Beim Resümee der hier vorgestellten Seelenpaare müssen wir uns unweigerlich an die Feststellung von Mabel Collins erinnern, nach der die Liebe ihre höchste Erfüllung hier auf Erden nur selten für einen längeren Zeitraum findet.

Es scheint so, als ob die Liebe von einander sehr innig verbundenen Seelenpaaren durch eine frühzeitige Trennung – sei es durch Tod eines der beiden Teile oder eine durch die Begleitumstände unglückliche Beziehung – und das daraus resultierende Leid (und auch die meisten literarischen Werke über Dualseelen oder dualseelentypische Paare bringen solchen Trennungsschmerz zum Ausdruck) auf eine sehr große Probe gestellt wird und die Seelen auf diese Weise möglicherweise geprüft werden, ob sie reif für eine höhere (astrale oder himmlische) Vereinigung sind. Auf jeden Fall aber scheint es so zu sein, dass beide Seelen – oder eine von ihnen, nachdem der Tod die andere frühzeitig ereilt hat – noch bestimmte Aufgaben allein (ohne ihren Seelenverwandten) auf Erden zu erfüllen haben oder sich ganz einfach über ihre Gefühle füreinander – und den tieferen Sinn ihrer Verbundenheit – klar werden müssen und möglicherweise darüber hinaus für eine leichtfertige Trennung in einer früheren Inkarnation zu *sühnen* haben.

Die Tatsache, dass die Einzelseele bestimmte Aufgaben ohne ihr Dual zu verrichten hat, ist nicht einmal überraschend, sondern gehört zum Bestandteil ihrer gesamten kosmischen Entwicklung, in der die Duale oft voneinander getrennt und auf sich allein gestellt waren. Anscheinend muss es in unserem heutigen Zeitalter – und vermutlich ebenso in vorangegangenen Epochen – immer wieder Phasen der Trennung geben, in der die Seelen bestimmte Aufgaben ohne ihre andere Hälfte zu erfüllen haben. Wären diese immer wiederkehrenden Phasen des Alleinseins in der kosmischen Entwicklung und Reifung der Einzelseele nie erforderlich gewesen, wäre es mit Sicherheit auch niemals zur Trennung der Duale gekommen, falls nicht andere Gegebenheiten (wie z. B. Sühne für ein irgendwie geartetes Fehlverhalten) dies zwingend erfordert hätten.

Wer sich aber, wie zumindest ein Teil der in diesem Kapitel behandelten Seelenpaare, *wiedergefunden* hat, und auch nach der Trennung dem Wunsch nach Wiedervereinigung mit der anderen Hälfte nicht entsagt, ist zweifelsohne schon weit vorangeschritten auf dem Pfad der dualen Liebe. Und eine trotz Trennung weiterhin bestehende beiderseitige Sehnsucht nach dem Seelenverwandten (nicht nur der Dualseele) wird sicher nach dem Tod (sowohl in der Astralwelt als auch in der nächsten Inkarnation) entsprechende Erfüllung finden.

7. Dualseelenpaare im musikalischen Bereich

In Liedern

Der Dualseelengedanke taucht nicht nur in literarischen Werken (wie z. B. jenen, die im vorletzten Kapitel vorgestellt wurden) auf, sondern gehört auch zum Bestandteil der Musikszene. Wir finden ihn in diversen Songtexten ebenso wie in manchen weltberühmten Opern.

An dieser Stelle möchte ich diesbezügliche Strophen aus drei verschiedenen Liedern zitieren, in denen der Dualseelengedanke explizit seinen Ausdruck findet.

Young love

Dies ist zum einen der Fall bei dem von Carole Joyner und Ric Cartey getexteten Song *Young love*, mit dem Tab Hunter Ende der fünfziger Jahre einen Hit landete. Dort heißt es gleich zu Beginn des Liedes:

They say for every boy and girl
There's just one love in this old world
And I know I found mine.
The heavenly touch of your embrace

Tells me no one can take your place
Ever in my heart.

Übersetzung:
Man sagt, dass es für jeden Jungen
und jedes Mädchen
nur eine Liebe in dieser Welt gibt
und ich weiß,
dass ich meine gefunden habe.
Die himmlische Berührung deiner Umarmung sagt mir,
dass niemals eine andere
deinen Platz in meinem Herzen einnehmen könnte.

I'll never find another you

Ein anderes Beispiel hierfür ist dieses von Tom Springfield geschriebene Lied, in dem der Dualseelengedanke in der folgenden Strophe seinen Ausdruck findet:

There's always someone for each of us they say
And you'll be my someone for ever and a day.
I could search the whole world over
Until my life is through,
But I know I'll never find another you.

Übersetzung:
Man sagt, dass es für jeden von uns
immer jemanden gibt
und du wirst für mich
dieser Jemand für alle Zeiten sein.

Würde ich auch die ganze Welt
bis an mein Lebensende durchsuchen,
weiß ich doch,
dass ich jemanden wie dich
nicht mehr finden werde.

Two hearts

Das dritte Lied, *Two hearts (are better than one)*, stammt aus der Feder von Bruce Springsteen. Dieses Lied endet mit den folgenden Worten:

Sometimes it might seem like it was planned
For you to roam empty hearted through this land.
Though the world turns you hard and cold
There's one thing mister, that I know.
That's if you think your heart is stone
And that you're rough enough to whip this world alone.
Alone buddy there ain't no peace of mind.
That's why I'll keep searching till I find
My special one.
Two hearts are better than one.
Two hearts girl get the job done.

Übersetzung:
Manchmal mag es dir
wie eine Fügung des Schicksals erscheinen,
die dich glauben lässt,
dass du allein durchs Leben ziehen musst.
Auch wenn die Umstände dich abgehärtet haben mögen,

gibt es da doch etwas, das ich weiß.
Wenn du glaubst, dein Herz sei hart wie Stein
und du wärst auch allein gut genug drauf, sag ich dir:
Allein Kumpel, gibt es keinen Seelenfrieden.
Darum werde ich suchen,
bis ich mein Gegenstück finde.
Zwei Herzen sind besser als eins,
zwei Herzen vervollständigen die Sache erst.

Liebeslieder, die charakteristisch für Dualseelen sind

Im nachfolgenden Text möchte ich einige Songtexte im vollen Wortlaut wiedergeben, die eine innige und unvergängliche Liebe zum Ausdruck bringen, wie sie für Dualseelen charakteristisch ist. Die ersten beiden Lieder handeln von der Liebe von Laura und Tommy, wobei im ersten Lied die Liebe aus der Sicht des Mannes und sein Tod geschildert werden; im zweiten Lied wird die Liebe aus der Sicht der Frau nach seinem Ableben dargestellt und gestaltet sich insofern zu einem *Nachruf*. Beide Lieder beschreiben die auch nach dem Tode des Mannes unveränderte Liebe. Bei den hier veröffentlichten Texten handelt es sich um die Versionen von Ray Peterson *(Tell Laura I love her)* und Skeeter Davis *(Tell Tommy I miss him)*.

Im dritten Lied wird die Liebe von Jeannie und Johnny (gemäß der Version von Countrysänger Marty Robbins) beschrieben, die miteinander aufgewachsen sind und schon im Kindesalter einander sehr zugetan waren, durch Umzug auseinandergerissen wurden, jedoch fortan miteinander korrespondierten und deren Liebe trotz aller Widrigkeiten noch stärker wurde, bis schließlich die Zeit gekommen war, da sie die langersehnte Ehe eingehen konnten.

Das vierte Lied beschreibt, weshalb der Sänger (Billy Fury) seine Geliebte niemals verlassen würde: *I'd never find another you.* Dieses Lied darf nicht mit dem bereits vorgestellten Song *I'll never find another you* von Tom Springfield verwechselt werden und kann sinngemäß übersetzt werden mit einem bekannten deutschen Schlager der Nilsen Brothers: *Dich gibt's nur einmal für mich* – dieser fünfte Songtext bildet den Abschluss der hier im vollen Wortlaut wiedergegebenen Lieder.

Tell Laura I love her

Laura and Tommy were lovers.
He wanted to give her everything.
Flowers, presents –
And most of all a wedding ring.
He saw a sign for a stock-car race,
A thousand dollar prize it read.
He couldn't get Laura on the phone,
So to her mother Tommy said:
Tell Laura I love her.
Tell Laura I need her.
Tell Laura I may be late,
I've something to do that cannot wait.
He drove his car to the racing ground.

He was the youngest driver there.
The crowd crawl as they started the race.
Round the trek they drove at a deadly pace.
No one knows what happened that day,
How his car overturned in flames.
But as they pulled him from the twisted wreck
With his dying breast they heard him say:
Tell Laura I love her.
Tell Laura I need her.
Tell Laura not to cry.
My love for her will never die.
Now in the chapel where Laura prays
For her Tommy who passed the way,
It was just for Laura he lived and died.
Alone in the chapel she can hear him cry:
Tell Laura I love her.
Tell Laura I need her.
Tell Laura not to cry.
My love for her will never die.

Übersetzung:
Laura und Tommy waren ein Liebespaar.
Er wollte ihr alles geben:
Blumen, Geschenke – und am meisten einen Ehering.
Er sah ein Schild, das für ein Autorennen warb,
für das ein Preisgeld von tausend Dollar
ausgeschrieben war.
Er konnte Laura telefonisch nicht erreichen,
also sprach er zu ihrer Mutter:
Sag Laura, dass ich sie liebe.
Sag Laura, dass ich sie brauche.

Sag Laura, dass ich mich verspäten könnte,
denn ich habe etwas zu erledigen,
das sich nicht verschieben lässt. /
Er fuhr seinen Wagen zum Rennplatz,
wo er der jüngste Teilnehmer war.
Es wimmelte von Menschen, als das Rennen begann.
Sie rasten in einem höllischen Tempo herum.
Niemand weiß, was an diesem Tag geschah,
wie sich sein Auto überschlug
und in Flammen aufging.
Aber als sie ihn aus seinem verbeulten Wrack zogen,
vernahmen sie aus seiner sterbenden Brust die Worte:
Sagt Laura, dass ich sie liebe.
Sagt Laura, dass ich sie brauche.
Sagt Laura, dass sie nicht weinen soll.
Meine Liebe für sie wird niemals sterben.
Und in der Kapelle, in der Laura
für ihren verstorbenen Tommy betet,
der nur für sie lebte und starb,
kann sie ihn rufen hören:
Sag Laura, dass ich sie liebe ...

Tell Tommy I miss him

Tommy my sweetheart is gone now.
He's up in heaven somewhere.
So little star high above
If you see Tommy tell him of my love.
Tell Tommy I love him.
Tell Tommy I miss him.

Tell him though I may try
My love for him will never die.
He drove his car in that stock-car race
To win money so we could wed.
He wanted so much to make me his wife.
Now our love lives on though he lost his life.
I'm so lonely without him near.
O how I miss his warm embrace.
I love no other I want him to know.
O little star please teil him so.
Tell Tommy I love him (Repeat)
Although he wanted to give me the world
Why did he do such a reckless thing?
Little star he should have realized
I was richer than a queen when he looked into my eyes.

Übersetzung:
Tommy, mein Liebling, ist von uns gegangen.
Er ist irgendwo dort oben im Himmel.
Also, kleiner Stern dort oben,
falls du Tommy siehst, erzähl ihm von meiner Liebe.
Sag Tommy, dass ich ihn liebe.
Sag Tommy, dass ich ihn vermisse.
Sag ihm, dass selbst wenn ich es versuchen würde,
meine Liebe für ihn niemals sterben wird.
Er fuhr bei diesem Autorennen mit,
um Geld für unsere Hochzeit zu gewinnen.
Er wollte mich so gern zu seiner Frau machen.
Nun lebt unsere Liebe weiter,
obwohl er sein Leben verlor.
Ich bin so einsam ohne ihn.

Oh, wie sehr ich seine liebevolle Umarmung vermisse.
Ich will ihn wissen lassen,
dass ich keinen anderen liebe.
Oh, kleiner Stern, bitte teile es ihm mit.
Sag Tommy, dass ich ihn liebe ...
Er wollte mir die Welt zu Füßen legen,
doch warum hat er nur
so etwas Unvernünftiges getan?
Kleiner Stern, er hätte doch merken müssen,
dass ich reicher als eine Königin war,
wenn er mir in die Augen sah.

Jeannie and Johnny

Jeannie and Johnny both grew up together,
Playmates each hour of a day.
They both vowed that they would be sweethearts forever,
Then one day Jeannie moved away.
Johnny was lonely, loved Jeannie only,
Jeannie was sad and so blue.
Their folks said: »Forget it«,
But Jeannie and Johnny
Both knew that no other would do.
They wrote to each other and as they grew older
Their love much stronger had grown.
Then one day a letter from Jeannie to Johnny
Came back to her »address unknown«.
Jeannie was lonely, loved Johnny only,
Her heart was sad and so blue.
Where Johnny had gone to

She knew not the answer
But she knew she'd wait and be true.
The next day poor Jeannie just couldn't stop crying
Though tears wouldn't come anymore.
Her world seemed so empty that she felt like dying
Then she heard a knock on her door.
And there stood her Johnny, her true loving Johnny.
He'd come to make the wedding plan.
He said: »O I love you, my Jeannie, I love you.«
Then he placed the ring on her hand –
He placed the ring on her hand.

Übersetzung:

Jeannie und Johnny wuchsen gemeinsam auf
und waren zu jeder Stunde des Tages Spielgefährten.
Sie gelobten einander die ewige Liebe,
doch eines Tages zog Jeannie fort.
Johnny war einsam, denn er liebte nur Jeannie.
Jeannie war traurig und so bedrückt.
Die Leute sagten: »Vergesst einander«,
doch Jeannie und Johnny wussten,
dass sie das niemals gekonnt hätten.
Sie schrieben einander und während sie älter wurden,
wurde auch ihre Liebe immer stärker.
Doch eines Tages kam ein Brief
von Jeannie an Johnny mit dem Vermerk
»Unbekannt verzogen« zurück.
Jeannie war einsam, denn sie liebte nur Johnny.
Ihr Herz war traurig und so bedrückt.
Sie wusste nicht, wo Johnny sich jetzt aufhielt,
doch würde sie auf ihn warten und ihm treu bleiben.

Am nächsten Tag weinte Jeannie noch immer,
obgleich schon keine Tränen mehr kamen.
Sie fühlte sich so leer,
dass ihr zum Sterben zumute war,
als sie plötzlich ein Klopfen an ihrer Tür vernahm.
Und dort stand ihr Johnny,ihr treu liebender Johnny,
der gekommen war, um sie zu heiraten.
Er sagte:
»Oh ich lieb' dich, meine Jeannie,
ich liebe dich.«
Dann steckte er ihr den Ring an die Hand.

I'd never find another you

Don't ever worry that I leave you.
That's such a foolish thing to do.
How could I ever go
When in my heart I know
I'd never find another you.
I might find other arms to hold me
But they would only leave me blue.
The thrill of your embrace
Is what I can't replace.
I'd never find another you.
Though there are times when we may quarrel
I can't stay mad at you
For more than just a minute or two.
I know I never want to leave you
Cause if I'd search my whole life through
I know there'd only be

A second best for me.
I'd never find another you.

Übersetzung:
Mach dir keine Sorgen,
dass ich dich je verlassen würde.
Das wäre eine zu große Dummheit.
Wie könnte ich je gehen,
wo ich doch in meinem Herzen weiß,
dass ich eine wie dich nie mehr finden würde.
Ich würde andere Arme finden, die mich lieb halten,
aber sie würden mich nicht glücklich machen.
Die Freude, die ich in deiner Umarmung empfinde,
könnte mir keine andere geben.
Eine wie dich würde ich nicht mehr finden.
Obwohl wir uns manchmal streiten,
kann ich dir doch nicht länger
als eine oder zwei Minuten böse sein.
Ich weiß, dass ich dich niemals verlassen möchte,
denn selbst
wenn ich mein ganzes Leben lang suchen würde,
könnte ich doch bestenfalls
eine Zweitbeste finden.
Eine wie dich würde ich nicht mehr finden.

Aber dich gibt's nur einmal für mich

Es gibt Millionen von Sternen.
Uns're Stadt, sie hat tausend Laternen.

Gut und Geld gibt es viel auf der Welt,
Aber dich gibt's nur einmal für mich.
Es gibt tausend Lippen, die küssen
Und Pärchen, die trennen sich müssen.
Freud und Leid gibt es zu jeder Zeit,
Aber dich gibt's nur einmal für mich.
Schon der Gedanke, dass ich dich einmal verlieren könnt',
Dass dich ein and'rer Mann einmal sein eigen nennt,
Er macht mich traurig, weil du für mich die Erfüllung bist.
Was wär' die Welt für mich ohne dich?
Es blüh'n viele Blumen im Garten.
Es gibt viele Mädchen, die warten.
Freud und Leid gibt es zu jeder Zeit.
Aber dich gibt's nur einmal für mich.
Schon der Gedanke ... (Whlg)
Es gibt sieben Wunder der Erde.
Tausend Schiffe fahren über die Meere.
Gut und Geld gibt es viel auf der Welt,
Aber dich gibt's nur einmal für mich.

In Opern

Auch in manchen der ganz großen Oper-Inszenierungen weltberühmter Komponisten ist der Dualseelengedanke zu finden. Hierzu wollen wir uns vier Beispiele ansehen.

Aida

Der Text zu dieser Oper wurde geschrieben von Antonio Ghislanzoni (nach einem Entwurf von Edouard Mariette Bey und einem Szenarium von Camille du Locle), die Komposition erfolgte durch Giuseppe Verdi (1813–1901). Ort des Geschehens ist Ägypten zur Zeit der Pharaonen.

Den ägyptischen Feldherrn Radames verbindet eine tiefe Liebe mit der äthiopischen Sklavin Aida, die jedoch geheimgehalten werden muss, weil Radames auch von der Königstochter Amneris begehrt wird, die im Falle einer unerwiderten Liebe die Macht hätte, beiden das Leben schwer zu machen. Doch sie ahnt bereits, in Aida eine Nebenbuhlerin zu haben und durch ihre Lüge, Radames sei im Kampf gefallen, entlockt sie Aida ihre wahren Gefühle für Radames. Doch Radames, inzwischen Oberbefehlshaber der ägyptischen Truppen, kehrt unverwundet und siegreich aus der Schlacht mit den Äthiopiern zurück.

Dennoch gibt es für die Liebe zwischen Aida und Radames ein sehr großes Problem: Die Hochzeit von Radames mit Amneris ist bereits öffentlich angekündigt. Beide sehen nur eine Möglichkeit, ihr Glück nicht zu verwirken: Sie müssen nach Äthiopien in Aidas Heimat flüchten. Nachdem Radames ihr seinen Fluchtplan ausführlich geschildert hat, erscheint völlig überraschend Aidas Vater Amonasro, der König von Äthiopien und derzeit ägyptischer Kriegsgefangener ist. Er hat das Gespräch belauscht und kennt jetzt nicht nur den

Fluchtweg, sondern mit Kenntnis desselben auch eine Möglichkeit, Ägypten im Krieg doch noch zu besiegen. Während Amonasro und Aida verschwinden, bleibt Radames tiefbetrübt zurück. Unbeabsichtigt hat er in dem unwissentlich belauschten Gespräch mit Aida Hochverrat begangen, wird deswegen angeklagt und zum Tode verurteilt.

Radames wird lebendig in einer Grabkammer unterhalb des Tempels eingemauert, wo er seinen Tod erwartet. Seine Gedanken sind bei Aida, die plötzlich neben ihm erscheint. Sie hat sich heimlich in diese Grabkammer eingeschlichen, um mit ihm zu sterben. Glücklich darüber, beisammen zu sein, fallen sie sich in die Arme und warten gemeinsam auf das Glück und den Frieden des Jenseits.

Die darauffolgende Szene ist von Prof. Dr. Kurt Pahlen im *Heyne Opernlexikon* wie folgt geschildert: *Was nun folgt, ist mit Worten nur sehr unzulänglich zu schildern. Ein wahrer »Liebestod«, den Verdi mit überirdischen Melodien verklärt hat. »O terra, addio ...«: Leb wohl, o Erde, Tal der Tränen ...*
Zwei Seelen schweben himmelwärts, von einer unendlich süßen Violine geleitet.

André Chénier

Die aus der Feder von Luigi Illica stammende Oper mit dem Originaltitel *Andrea Chénier* spielt in den Jahren 1789 und 1794, also unmittelbar vor und während der französischen Revolution, und wurde von Umberto Giordano (1867–1948) komponiert. Das Ende der Oper ähnelt dem zuvor besprochenen Finale der *Aida* insofern, als auch hier die beiden Liebenden einander »treu bis in den Tod« sind.

Auf einem aristokratischen Ball im Schloss der Gräfin Coigny, kurz vor Beginn der französischen Revolution, preist der junge Dichter André Chénier die Prinzipien von Humanismus und Freiheit und tadelt die derzeitige Staatsform. Die feine Gesellschaft ist empört und Chénier wird aus dem Schloss gewiesen.

Die nächste Szene spielt fünf Jahre später, im Sommer 1794. Chénier, der mittlerweile verdächtigt wird, den Idealen der Revolution zu schaden, wird überwacht. Es wäre zwar besser für ihn, Paris schnellstmöglich zu verlassen, doch erhielt er anonyme Liebesbriefe und will unbedingt die Schreiberin ausfindig machen. Schon bald erhält er einen neuen Brief, in dem zum ersten Mal der Wunsch nach einem persönlichen Treffen ausgedrückt wird – und es wird darin ein Treffpunkt vorgeschlagen. Als Chénier sich zu dem Treffpunkt begibt, trifft er dort Madeleine, die Tochter der Gräfin Coigny, in die er sich bereits vor fünf Jahren, bei dem Ball auf Schloss Coigny, verliebt hatte, obgleich er sie dort nur flüchtig zu Gesicht bekommen hatte. Die beiden fallen sich in die Arme und gestehen einander ihre Liebe.

Doch da taucht Gerard, einer der Revolutionsführer, auf. Er ist seit Jahren ebenfalls schon in Madeleine verliebt, ohne dass sie seine Liebe jemals erwidert hatte. Aus Eifersucht klagt er Chénier des Verrats an der Revolution an, um ihn als Rivalen in der Gunst um Madeleine auszuschalten. Seine später aufkommende Reue kann seinen Fehler jedoch nicht mehr gutmachen. Chénier wird zum Tod verurteilt.

In der Nacht vor der Hinrichtung besticht Madeleine einen Gefängniswärter und tauscht ihre Kleidung mit einer zum Tode verurteilten Frau. Auf diesem Wege gelangt sie zu Chénier, der vergeblich versucht, sie von ihrem Plan abzubringen, doch Madeleine ist fest entschlossen, lieber mit ihm zu sterben als ihn zu überleben. Am nächsten Morgen schreiten André Chénier und Madeleine de Coigny Hand in Hand zum Schafott.

Lohengrin

Diese Oper wurde – in Anlehnung an eine alte Sage – inszeniert von Richard Wagner (1813–1883) und spielt in Antwerpen und am Ufer der benachbarten Schelde in der ersten Hälfte des 10. Jahrhunderts.
Graf Telramund klagt die unschuldige Elsa des Brudermordes an und ist bereit, seine Anklage in einem mit dem Schwert auszutragenden Zweikampf auf Leben und Tod unter Beweis zu stellen. Unter den anwesenden Männern ist keiner bereit, den Kampf für Elsa aufzunehmen. Elsa wählt zu ihrer Verteidigung einen ihr im Traum erschienenen Ritter, der in dem anstehenden Zweikampf gegen Telramund antreten soll. Da dieser unbekannte Ritter nach zweimaligem Aufruf noch nicht erschienen ist, lässt Elsa sich zum Gebet nieder und fleht um das Erscheinen des unbekannten Mannes.

Das Wunder wird wahr: Auf dem nahegelegenen Fluss erscheint ein von einem Schwan gezogenes Boot, auf dem sich ein Ritter in strahlender Rüstung befindet. Es ist der Ritter aus ihrem Traum. Er ist bereit, für Elsa zu kämpfen und wünscht sie sich zur Frau, stellt jedoch die Bedingung, dass sie ihn niemals nach seinem Namen oder seiner Herkunft fragen dürfe (ein Merkmal, das wir auch aus dem im vierten Kapitel behandelten Mythos von Amor und Psyche kennen). Er gewinnt den Kampf und lässt Telramund sogar das Leben.

Telramunds Gattin sinnt jedoch auf Rache für die Niederlage ihres Mannes und wendet sich mit der Frage an Elsa, ob sie sich denn ihrer Entscheidung sicher sei, einen Mann zu heiraten, von dem sie überhaupt nichts wisse (auch dieser hinterlistige Versuch einer schädlichen Beeinflussung ist uns in dem Mythos von Amor und Psyche begegnet, wo die bösartigen Schwestern Psyche negativ beeinflusst haben). Wie Psyche, so denkt auch Elsa zunächst nicht daran, ihren Retter, mit dem sie inzwischen verheiratet ist, nach seinem Namen und seiner Herkunft zu fragen, bis schließlich auch sie der Versuchung unterliegt. Enttäuscht über diesen Vertrauensbruch lässt der Gatte sie wissen, dass er diese Frage ihr nicht unter vier Augen beantworten werde, sondern nur in der Öffentlichkeit. Er weist aber nochmals darauf hin, dass dadurch ihr Glück zerstört werde.

Als der König und das Volk zusammengekommen sind, erzählt der Unbekannte, dass er *in einem fernen Land, unnahbar Euren Schritten* wohnt und dass sein Name Lohengrin ist. Nach dieser Erklärung nimmt er traurig Abschied von Elsa, die ihn vergeblich davon abzuhalten sucht, sie zu verlassen. Er lässt sie wissen, dass er zum Gral zurück muss, von dem er gekommen war, denn dies verlangt das kosmische Gesetz von ihm.

Die Schlussfolgerung dieser Geschichte erläutert Anna Marie Bernard in dem bereits im dritten Kapitel erwähnten Artikel *Soul Mates and Twin Flames: Lohengrin kehrt in die Ebene des Geistes zurück – um dort auf die Selbstbemeisterung seiner Zwillingsflamme und ihre endgültige Wiedervereinigung zu warten.*

Die Zauberflöte

Das Manuskript zu dieser Oper wurde von Emanuel Schikaneder verfasst, die Vertonung erfolgte durch Wolfgang Amadeus Mozart (1756–1791). Der bereits im Schlusssatz der Erläuterung zu *Aida* zitierte Prof. Dr. Pahlen hat diese tiefgeistige Oper auch in ihren spirituellen Aspekten so gut geschildert, dass ich hier einige seiner Gedanken wörtlich übernehmen möchte.

In der „Zauberflöte" werden die Geschichten von zwei sehr unterschiedlich entwickelten Dualseelenpaaren geschildert. Während Papageno nur irdische Leidenschaften kennt und von spiritueller Liebe und einer ebensolchen Lebensführung nichts weiß und darum seine Dualseele Papagena schnell wieder zu verlieren droht, führt Tamino ein spirituelles Leben, kennt die geistige Liebe und wird am Ende dieser Erzählung mit seiner Dualseele Pamina in den Kreis der »Eingeweihten« aufgenommen.

Wie dem aufmerksamen Leser sicher aufgefallen ist, haben die jeweiligen Duale sehr ähnlich klingende Namen, die aus der gleichen Wurzel stammen. Diese Namensähnlichkeiten sollen die innige Verbundenheit und Zusammengehörigkeit der beiden Dualseelenpaare verdeutlichen. Aus demselben Grunde haben in vielen Mythen der männliche und weibliche Teil des ersten Menschenpaares ähnlich klingende Namen, weil durch ihre Namensverwandtschaft auch ihre Wesensverwandtschaft zum Ausdruck gebracht wird (vgl. *Dualseelen*, S. 45).

Über den Unterschied dieser beiden Seelenpaare schreibt Prof. Pahlen: *Ein größerer Kontrast als der zwischen dem Hauptpaar Pamina-Tamino und dem heiteren Paar Papageno-Papagena ist kaum denkbar; dort die höhere Existenz, das tiefe Erkennen eines Lebenssinnes, hier die triebhaften, menschlichen Freuden.*

Prof. Pahlen führt zu Beginn seiner Schilderung der *Zauberflöte* aus, dass *diese seltsamste aller Opern auf zweierlei Art erklärt werden kann: entweder als einfaches Spiel mit phantasieentsprungenen Gestalten ... oder als ein philosophisches Werk, dessen äußerst tiefer Sinn absichtlich verschleiert ist, sodass die Masse einen vergnüglichen Theaterabend erlebt, der Eingeweihte aber ein Lehrspiel über Gut und Böse, über menschliches Streben nach Vervollkommnung, ... und noch vieles mehr.*

In allem, was mit Sarastros (er ist ein »Eingeweihter«, ein geistiges Oberhaupt in okkultischem Sinne) mächtiger Persönlichkeit zusammenhängt, spielt die Zahl 3 – »heilige Zahl« der Geheimlehre – eine wichtige Rolle: Drei Knaben sind seine Herolde, drei Pforten hat sein Tempel, drei Akkor-

de künden sein Erscheinen an. Seine Gegenspielerin ist die »Königin der Nacht«. Sarastros Reich bedeutet Licht, Sonne, Wahrheit und Weisheit; das der Königin hingegen Dunkelheit, Unwissenheit, niedere Leidenschaften. Auch sie wird von drei Wesen begleitet, den »drei Damen«. Zwischen diesen beiden Reichen, die entgegengesetzte Pole verkörpern, bewegen sich die Menschen, die in zwei große Gruppen geteilt werden: in die, die nach Erkenntnis, nach wahrem geistigen Leben streben und imstande sind, sich über das Triebhafte zu erheben; und in die anderen, die sich mit dem materiellen Dasein und seinen gewöhnlichen Freuden begnügen. Die ersteren symbolisiert der Prinz Tamino (wobei »Prinz« hier Geistesadel, nicht aristokratische Abstammung andeutet), die letzteren der Vogelfänger Papageno, der bezeichnenderweise selbst in Vogelfedern erscheint und keine höheren Ideale kennt als Essen, Trinken und »ein Weibchen«. Pamina, Tochter der Königin der Nacht, wird durch Liebe geläutert, ihr Weg fuhrt sie vom nächtlichen, triebhaften Reich fort auf die Höhen der Erkenntnis, auf denen sie Taminos treue Begleiterin sein wird.

Bei einer Begegnung mit den »drei Damen« der Königin der Nacht zeigen diese Tamino ein Bildnis der Königstochter Pamina, in die sich Tamino schon beim ersten Anblick verliebt. Im nächsten Augenblick kommt die Königin hinzu und klagt Tamino ihr Leid, dass ihre Tochter in Gefangenschaft bei Sarastro geraten sei und verspricht Tamino die Hand ihrer Tochter, falls es ihm gelänge, sie zu befreien. Ausgestattet mit Zauberinstrumenten machen sich Tamino (mit einer Flöte) und Papageno (mit einem Glockenspiel) auf den Weg, Pamina zu befreien.

Als Tamino sich jedoch im Tempel des Sarastro befindet, ist er so überwältigt, dass *seine Kampfeslust gegen den vermeintlichen Bösewicht Sarastro* verfliegt; *Tamino ahnt die Existenz eines höheren, weisen Willens.* Auch Pamina, die bei einem Fluchtversuch ertappt wird, denkt fortan nicht mehr daran, diesen Tempel zu verlassen, nachdem Sarastro ihr einerseits erklärt, dass es zu ihrem Besten sei, wenn sie nicht zu ihrer Mutter ins Reich der Finsternis zurückkehre und sie andererseits Tamino an jenem Ort kennenlernt. *Auf den ersten Blick entbrennt die Liebe zwischen Pamina und ihm. Doch die Stunde der Vereinigung ist noch nicht gekommen. Sarastro hat höhere Pläne mit den beiden: sie sollen »Prüfungen« bestehen, den Weg menschlicher Vervollkommnung beschreiten.*

Anschließend verkündet Sarastro in der Priesterversammlung, dass die Götter Tamino und Pamina füreinander bestimmt haben. *Darum habe Sarastro sie* (Pamina) *von der Seite ihrer Mutter nehmen müssen, die die wahren Werte des Lebens nicht erkennen könne.*

Während Tamino bereit ist, alle Prüfungen zu absolvieren, um die geistige Erkenntnis zu erlangen und Pamina für immer behalten zu dürfen, steht Papageno diesen Prüfungen ablehnend gegenüber. Er will doch nur ein angenehmes Leben führen. *Nur die Aussicht auf »eine Papagena« macht ihn zugänglicher.* Doch er besteht seine Prüfung nicht und verliert sein Dual wieder, das er durch »geistige Blindheit« nicht zu erkennen vermag. Diese Begegnung trägt sich folgendermaßen zu: *Ein altes Weiblein humpelt herbei, behauptet Papagena zu heißen und Papagenos Braut zu sein. Der schwankt zwischen Entrüstung und Hohn. Doch als sich Papagena in ein junges,*

äußerst anziehendes Mädchen verwandelt, wird sie schnell davongeführt, da Papageno sie nicht verdiene. Da er nun Selbstmord begehen will, zeigen sich die Götter gnädig. Um ihn von seinem Vorhaben abzuhalten, senden sie Papagena noch einmal zu ihm. Das Ende der beiden bleibt offen, doch erweisen sie sich der »Einweihung« als unwürdig. Stattdessen drücken sie in einem Duett ihren erdverbundenen Wunsch nach vielen kleinen Papagenos und Papagenas aus.
Der Ausgang der Beziehung zwischen Tamino und Pamina wurde bereits vorweggenommen – sie erhalten die »Einweihung« und dürfen als »ein von den Göttern bestimmtes Paar« von nun an ewig zusammenbleiben. Sie haben die Mächte der Finsternis besiegt und sind für immer ins Licht zurückgekehrt.

Wer mag die Liebenden zu scheiden? –
Wie der Zwist der Liebenden
sind die Dissonanzen der Welt.
Versöhnung ist mitten im Streit
und alles Getrennte findet sich wieder.
(aus Hölderlins Hyperion)

Nachwort

Abschließend halte ich es für angebracht, noch einmal auf die im dritten Kapitel behandelten Formen der Seelenverwandtschaften einzugehen.

Zunächst möchte ich hinsichtlich meiner Darstellung, dass man in den meisten Inkarnationen mehr gleichgeschlechtliche Seelenpartner haben wird als gegengeschlechtliche, ergänzen, dass hiermit vorwiegend jene Seelenpartnerschaften gemeint sind, die nur vorübergehend – während der gemeinsamen Arbeit an einem bestimmten Projekt – bestehen. Dagegen sind mit dieser Beschreibung weniger jene Partnerschaften mit den Seelen gemeint, mit denen wir ursprünglich aus derselben Seelengruppe hervorgegangen sind und mit denen wir demzufolge zwangsläufig immer wieder zusammentreffen, weil unsere Verbindung mit diesen Seelenpartnern ebenso ewig ist wie mit unserer Dualseele; denn es ist selbstverständlich, dass die ursprünglichen Seelengruppen, wie z. B. von Cayce beschrieben, aus ebenso vielen männlichen wie weiblichen Seelen bestehen (wenn man ein geschlechtliches Attribut einer Seele überhaupt zuordnen darf; die Veden beispielsweise verneinen dies ausdrücklich, während wir andererseits beispielsweise von dem hohen Geist Emanuel eine andere Weltanschauung mitgeteilt bekommen), da Dualseelen in ihrer paarweisen Einheit notwendigerweise stets derselben ursprünglichen Seelengruppe angehören, denn ihre Verbindung ist mindestens so alt wie die der restlichen Gruppenmitglieder zueinander.

Bezüglich der Geschlechterliebe (zwischen Mann und Frau) möchte ich noch einmal darauf eingehen, dass es neben der Dualseele auch noch den karmischen Seelengefährten und andere – lediglich vorübergehende oder uns ewig verbundene – Seelenpartner gibt. Nicht allzu oft haben wir das *Glück* oder auch die *Bestimmung*, unserer Dualseele zu begegnen. Wie bereits erwähnt, hängt dies unter anderem damit zusammen, dass die beiden Seelenzwillinge oft für einen gewissen Zeitraum unterschiedlich entwickelt sind und daher auch unterschiedliche Lebensaufgaben haben, die sie nicht miteinander angehen können, sondern entweder allein oder mit einem auf gleichem Niveau befindlichen Seelenpartner.

Ein anderer Grund, weshalb Dualseelen sich relativ selten treffen, ist dadurch bedingt, dass beide nicht immer gleichzeitig inkarniert sind. Einige Geisteswissenschaftler gehen sogar davon aus, dass häufig nur einer der beiden Seelenzwillinge inkarniert ist, während das Dual die Rolle eines Schutzengels für seinen verkörperten Seelenzwilling übernimmt, den er in seinen alltäglichen Aufgaben und bei seiner spirituellen Entwicklung aus dem Jenseits unterstützt. Fraglich ist bei dieser Anschauung, ob die beiden Duale häufiger wechselseitig die Rolle des Inkarnierenden und des Schutzengels übernehmen, oder ob eher davon ausgegangen werden kann, dass die beiden Duale unterschiedlich entwickelt sind und der weiter entwickelte Seelenzwilling möglicherweise nicht mehr oder nur noch selten inkarnieren muss und infolge dessen (fast) immer die Rolle des Schutzengels für sein noch häufiger inkarnierendes Dual übernimmt; eine Auffassung, die insbesondere in den Ephides-Gedichten zum Ausdruck gebracht wird, die am Anfang und Ende meines Buches *Dualseelen* wiedergegeben sind.

Persönlich neige ich zu der Überzeugung, dass es viele Varianten der Beziehungen zwischen Dualseelen gibt, wie bekanntlich auch die Seelen sehr unterschiedlich entwickelt sind und im Laufe ihres Lebens unterschiedliche Erfahrungen sammeln und unterschiedliche Erlebnisse haben. Mit anderen Worten: Während manche Duale für einen gewissen Zeitraum (der nicht selten mehrere Inkarnationen umfasst) überhaupt keine Verbindung zueinander haben, begegnen sich andere relativ häufig (wenn auch nicht unbedingt jedes Mal als glücklich miteinander vereintes Liebespaar) in ihren irdischen Inkarnationen. Wiederum andere übernehmen gegenseitig – wechselseitig oder mit einer fest vergebenen Rollenverteilung – die Rolle des Schutzengels und des Inkarnierten, was vom jeweiligen Entwicklungsstadium der beiden Seelen abhängt.

Verfolgt man diese Anschauungen über die jeweils zur Hälfte (grobstofflich!) verkörperten und unverkörperten Duale (wobei unerheblich ist, ob diese wechselseitig vonstatten geht oder nicht), so drängt sich in diesen Fällen leicht der Eindruck auf, dass andere – im Regelfall gegengeschlechtliche – Seelenpartner, und insbesondere natürlich der oft über viele Inkarnationen hinweg mit uns verbundene karmische Seelengefährte, die Rolle unseres (langjährigen) Lebensgefährten auf der Erde einnehmen, während möglicherweise die Duale der beiden Seelengefährten gleichzeitig als Schutzgeist für ihren jeweiligen Seelenzwilling fungieren und in ihrer jenseitigen Zusammenarbeit möglicherweise die Weichen für eine Begegnung der beiden Seelengefährten hier auf Erden stellen. Da die in diesem Beispiel angenommenen jenseitigen Duale weiter entwickelt sind, kennen sie keine (oder nur sehr bedingte) Eifersucht und es liegt ihnen nur das Wohlergehen ihres inkarnierten Zwillings am Herzen. Nicht selten werden die vier hier beschriebenen Seelen, von denen jeweils zwei Hälften im Astralbereich zum Wohlergehen ihrer jeweils anderen Hälfte, die sich noch im Erdenkleid befinden, zusammenarbeiten, derselben ursprünglichen Seelengruppe entstammen. Diese Schutzgeister bringen ihre verkörperten Duale als Seelengefährten zusammen nach dem aus *Genesis 2,18* bekannten Motto: *Es ist nicht gut, dass der Mensch allein sei* und führen ihrem Seelenzwilling eine zu ihm passende Seele zu, mit der er in vielen Fällen schon über mehrere Inkarnationen hinweg innig vertraut ist. Wie häufig oder selten solche Kombinationen sind, in denen zwei im Astralbereich wirkende Duale die Rolle eines Schutzgeistes für ihr jeweils verkörpertes Dual übernehmen und diese zum Zwecke einer Lebensgemeinschaft auf Erden zusammenführen, ist freilich nicht feststellbar.

In anderen Fällen wird ein Seelenzwilling seinem Dual nicht von dessen Geburt an als *himmlische Verbindungsperson* (also eine Art Schutzgeist) zugeteilt sein, sondern nach einer – allem Anschein nach häufig nur relativ kurzen – irdischen Zusammenkunft früher den irdischen Leib verlassen und nach seinem Tode mit der Zwillingsseele aus dem Jenseits in Verbindung bleiben.

Solche jenseitigen Kontakte mit dem noch auf Erden inkarnierten Dual sind Bestandteil mehrerer Erzählungen, die ich sowohl im vorliegenden Buch als auch in *Dualseelen* geschildert habe.

Ein Beispiel hierfür ist George Du Mauriers *Peter Ibbetson*, in dem Ibbetsons verstorbener Seelenzwilling Mary Seraskier ihm nach ihrem Tod noch einmal während einer nächtlichen Astralreise Ibbetsons erscheint und ihn wissen lässt, dass sie beide für immer untrennbar sind (vgl. *Dualseelen*, S. 120 ff.).

In Emily Brontës *Sturmhöhe* bleiben die Liebenden nach dem Tod von Catherine sogar für viele Jahre auf diese irdisch-jenseitige Weise miteinander in Verbindung, da sie ihren Seelenzwilling Heathcliff seit ihrem Tod unablässig verfolgt. Ihre für ihn ständig spürbare Gegenwart weckt in ihm schließlich immer mehr die Sehnsucht, sich mit ihr aufzulösen und dadurch noch glücklicher zu sein. Beide haben nur den einen Wunsch, wieder miteinander vereint zu werden.

Im zweiten Teil seiner Novelle *Nach dem Tode* beschreibt Iwan Turgenjew ausführlich eine derartige irdisch-jenseitige Seelenverbindung (vgl. *Dualseelen*, S. 122 ff.). Hier bleibt Klara Militsch nach ihrem Selbstmord weiterhin mit Jakow Aratow in Verbindung und weckt in ihm allmählich eine immer größere Sehnsucht nach einer himmlischen Vereinigung mit ihr, die ihn schließlich mit Freuden sterben lässt, um dauerhaft mit ihr vereint zu sein.

Vor allem aber Dantes *Göttliche Komödie* widmet

sich besonders ausführlich diesem Thema einer irdisch-jenseitigen Dualverbindung und ist auf der Basis eines derartigen Kontaktes aufgebaut. Hier wird Beatrice zu seiner himmlischen Führerin erhoben, die ihn allmählich in immer höhere Sphären führt. Obgleich sein Lebensgeist, wie Dante schreibt, schon lange nicht mehr von ihrer Gegenwart umfasst war, verspürte er – ohne dass er sehend sie erkannte, wohl aber ihre aus dem Jenseits auf ihn einwirkende Kraft unmittelbar fühlen konnte – alter Liebe Urgewalt.

Eine Interpretation derartiger Vorkommnisse, wie in den zuvor erwähnten vier Erzählungen geschildert, erhalten wir von Mabel Collins, die – wie am Ende des zweiten Kapitels des vorliegenden Buches dargestellt – erklärt, dass das noch inkarnierte Dual durch den Tod seines Seelenzwillings vergeistigt werden soll, während die abgeschiedene Seele im Jenseits am noch inkarnierten Freunde festhält und ihn auf diese Weise kraft ihres Liebesbundes dem Physischen entfremdet, wodurch sie ihn auf die astrale Vereinigung (im Jenseits) vorbereitet.

Eine entsprechende Erklärung legt Dante in der zuvor erwähnten *Göttlichen Komödie* auch der von ihm verehrten und hierin zu seiner geistigen Führerin erkorenen Beatrice in den Mund, wenn er sie zu ihm sagen lässt: „Verstehe, wie der Hingang meines Leibes dich in die andere Richtung treiben musste."

Anhand derartiger Beispiele erkennen wir, dass Zwillingsseelen (und ebenso natürlich andere innig verbundene Liebespaare) sich durchaus räumlich noch immer sehr nahe sein können, auch wenn bereits einer der beiden verstorben ist. Wir erkennen ferner – insbesondere unter Bezugnahme auf die beiden letzten Absätze – dass man aus jedem noch so großen Schicksalsschlag (und der Verlust eines geliebten Partners ist nur eine von vielen Möglichkeiten) gestärkt hervorgehen und zu größerer Vollkommenheit heranreifen kann. Ziehen wir aus einem bestimmten Schicksalsschlag nicht die richtige Lehre und schlagen demzufolge auch nicht die vorgegebene neue Richtung ein (dies geschieht in den meisten Fällen durch Missachtung; nämlich der Weigerung, sich mit einem negativen Erlebnis wirklich eingehend und sachlich auseinanderzusetzen), werden sich Schicksalsschläge dieser Art (auch in künftigen Inkarnationen) solange wiederholen, bis wir entsprechend darauf reagieren. So wird ersichtlich, dass der eigentliche Sinn von sogenannten Schicksalsschlägen darin besteht, uns schrittweise zu unserer eigentlichen Bestimmung zu führen.

Anmerkungen

Kapitel 1: Mythologie

(1) Barbara C. Sproul: Schöpfungsmythen der westlichen Welt. München 1994, S. 200 ff.

(2) Mythen von der Erschaffung des Menschen, herausgegeben von Victoria Kamp-Linfort. Hamburg 1994, S. 187 f.

(3) Barbara C. Sproul: Schöpfungsmythen der westlichen Welt. München 1994, S. 162
(4) Mythen von der Erschaffung des Menschen, herausgegeben von Victoria Kamp-Linfort. Hamburg 1994, S. 124
(5) Barbara C. Sproul: Schöpfungsmythen der westlichen Welt. München 1994, S. 325 f.
(6) ebd., S. 327
(7) Thorwald Dethlefsen: Schicksal als Chance. München 1989, S. 181
(8) Frederik Hetmann: Die Göttin der Morgenröte. Frankfurt a. M., 1986, S. 83
(9) ebd., S. 144 f.

Kapitel 2: Einige Weisheiten über Dualseelen

(1) Johannes Greber: Der Verkehr mit der Geisterwelt, Gesetze und Zweck, S. 264 f., und Bernhard Forsboom: Das Buch Emanuel; Ergolding, 1991, S. 67; jene Ausgabe hielt sich an die 5. Auflage des Greber-Buches und weist damit einen folgenschweren Fehler auf, der in der von mir verwendeten späteren Auflage des Greber-Buches wieder korrigiert worden war und sich wieder auf den Urtext Grebers bezog. In dieser 5. Auflage war angegeben, dass von dem Gesetz der paarweisen Verbindung des Männlichen mit dem Weiblichen ... Gott ausgenommen (ist) und der als erstes Geschöpf ins Dasein getretene »Sohn Gottes«, den ihr »Christus« nennt. In den zwischenzeitlich

korrigierten Neuauflagen erscheint hierzu im Begleitwort, der diesen in mehreren älteren Ausgaben gedruckten folgenschweren Fehler darstellt, der Hinweis: Ein besonders tragischer Fall der Textveränderung ist der auf Seite 265 und 266. Hier war die von Johannes Greber seit der 2. Auflage wiederhergestellte Urlehre, ohne jeden Hinweis, auf Veranlassung einer geistigen Loge rückgängig gemacht worden (ab Aufl. 1978). Mit der 10. Auflage (1987), erneut ohne jeden Hinweis, wurde wieder die Textfassung Grebers gedruckt ...

(2) Bernhard Forsboom: Das Buch Emanuel. Ergolding 1991, S. 23 f.

(3) ebd., S. 192

(4) Johannes Greber: Der Verkehr mit der Geisterwelt – Gesetze und Zweck, S. 284

(5) ebd., S. 286 ff.

Kapitel 3: Dualseelen und andere Seelenverwandtschaften

(1) Jess Stearn: Soulmates. München 1987, S. 51

(2) ebd., S. 51 f.

Kapitel 5: Dualseelenaspekte in der Weltliteratur

(1) Theophil Spoerri: Dante und die europäische Literatur. Stuttgart 1963, S. 11

(2) ebd., S. 12

Kapitel 6: Berühmte Seelenpaare

(1) Larry Geller: I was the one Elvis Presley.
Wien 1991), S. 177
(2) Cornelia Zumkeller: Bogart & Bacall –
Eine Liebe in Hollywood. München 1990, S. 7
(3) ebd., S. 144
(4) ebd., S. 169 f.
(5) ebd., S. 119
(6) ebd., S. 168
(7) Pierre Bertaux: Friedrich Hölderlin.
Frankfurt a.M., 1978, S. 544
(8) ebd., S. 545 f.
(9) Hermann Kurzke: Novalis. München 1988, S. 24
(10) ebd., S. 29
(11) Carmen Kahn-Wallerstein: Schellings Frauen:
Caroline und Pauline. Frankfurt a. M. 1979, S. 150
(12) ebd., S. 126
(13) ebd., S. 135
(14) ebd., S. 156
(15) ebd., S. 196
(16) Heinrich Koch: Michelangelo
Reinbek, Okt. 1995), S. 153
(17) Michelangelo – Zeichnungen und Dichtungen
Frankfurt a. M., 1975, S. 154
(18) ebd., S. 155
(19) Übersetzungen aus: Petrarca – Dichtungen,
Briefe, Schriften. Frankfurt a. M., 1956, S. 42 f.

(20) H. W. Eppelsheimer: Petrarca.
Frankfurt a. M. 1971, S. 175

(21) Übersetzungen aus: Francesco Petrarca – Dichtung und Prosa. Berlin, 1968, S. 158, 160